FUI INJUSTIÇADO, E AGORA?

FUI JOHN BEVERE INJUSTICADO, E AGÓRA?

COMO SEGUIR O EXEMPLO DE JESUS

Copyright © 2004 por John Bevere . Todos os direitos reservados.
Copyright da tradução © 2024 por Vida Melhor Editora LTDA. Todos os direitos reservados.

Título original: *How to respond when you feel mistreated*

Todos os direitos desta publicação são reservados à Vida Melhor Editora Ltda. Nenhuma parte desta obra pode ser apropriada e estocada em sistema de banco de dados ou processo similar, em qualquer forma ou meio, seja eletrônico, de fotocópia, gravação etc., sem a permissão dos detentores do copyright.

As citações bíblicas são da Nova Versão Internacional (NVI), da Bíblica, Inc., a menos que seja especificada uma outra versão da Bíblia Sagrada.

Tradução	Vanderlei Ortigoza
Copidesque	Bruna Gomes
Revisão	Emanuelle Malecka, Bruna Cavalieri
Design de capa	Rafael Brum
Projeto gráfico e diagramação	Rlux

Dados Internacionais de Catalogação na Publicação (CIP)
(BENITEZ Catalogação Ass. Editorial, MS, Brasil)

B467f
1. ed. Bevere, John
   Fui injustiçado, e agora? / John Bevere ; tradução Vanderlei Ortigoza. – 1.ed. –
Rio de Janeiro : Thomas Nelson Brasil, 2024.

   112 p.; 12 x 18 cm.

   Título original: How to respond When you feel mistreated.
   ISBN 978-65-5217-086-6

   1. Conflito interpessoal – Aspectos religiosos – Cristianismo. 2. Submissão –
Aspectos religiosos – Cristianismo. I. Abbey Editoração. II. Título.

08-2024/132   CDD-248.4

Índice para catálogo sistemático:

1. Conflito interpessoal : Vida cristã : Cristianismo   248.4

Bibliotecária responsável:

Aline Graziele Benitez – Bibliotecária - CRB-1/3129

Os pontos de vista desta obra são de responsabilidade de seus autores e colaboradores diretos, não refletindo necessariamente a posição da Thomas Nelson Brasil, da HarperCollins Christian Publishing ou de suas equipes editoriais.

Thomas Nelson Brasil é uma marca licenciada à Vida Melhor Editora LTDA. Todos os direitos reservados à Vida Melhor Editora LTDA.

Rua da Quitanda, 86, sala 601A - Centro,
Rio de Janeiro/RJ - CEP 20091-005
Tel.: (21) 3175-1030
www.thomasnelson.com.br

Sumário

1. Uma verdade ignorada 7

2. A vingança pertence ao Senhor 17

3. A forma correta de agir 33

4. Sobre a autoridade 45

5. O papel do sofrimento 61

6. Bem-aventurados os que sofrem 71

7. Superando a injustiça 85

8. Porventura encontrará fé na terra? 97

Sobre o autor 111

1

Uma verdade ignorada

Você já foi injustiçado?

Se a sua resposta for "não", verifique seu batimento cardíaco! É possível que você não esteja mais entre nós! Viver em um mundo corrompido e pecaminoso como o nosso significa enfrentar inúmeras situações nas quais não recebemos o tratamento justo e respeitoso que merecemos.

Eis algumas situações (tenho certeza de que o leitor poderia acrescentar outras) que podem nos fazer sentir assim:

- Em sua infância, você pode ter sofrido críticas injustas de seu pai ou de sua mãe.
- Se você é pai ou mãe, talvez sofra com um filho rebelde que lhe trata com insultos e desobediência em vez de amor.
- Talvez você seja um estudante que sofre nas mãos de um professor exigente demais.
- Talvez você seja um funcionário exemplar convivendo com um chefe que não vai com a sua cara e que tenta puxar o seu tapete.
- Na estrada, você está dirigindo dentro do limite de velocidade quando repentinamente surge em seu retrovisor

7

um apressadinho piscando luz alta, buzinando e fazendo gestos obscenos para você sair da frente.

- Você é um empresário que anda de acordo com a lei e trata bem seus clientes, mas um concorrente começa a difamar sua empresa e utilizar estratégias desleais.
- Você se esforçou muito para cuidar bem dos seus filhos e sustentar a casa enquanto seu marido terminava a faculdade, porém, um belo dia ele diz que não a ama mais e pede o divórcio para se casar com uma colega de trabalho.
- Você passou anos servindo como diácono de sua igreja, embora sua paixão fosse reger o coral de jovens. Um dia você se depara com essa oportunidade, mas o cargo é entregue à esposa do pastor recém-chegado.

É uma lista pequena de situações prováveis. Sem dúvida, seria possível acrescentar outras milhares. Ninguém está imune. Tanto os ricos e poderosos quanto os pobres e impotentes passam por essas mesmas dificuldades. Algumas chegam a ser cômicas de tão insignificantes, porém existem situações cruéis que podem destruir a reputação de um indivíduo e até ameaçar sua vida.

Quero compartilhar com você uma verdade que muitas pessoas não conhecem ou simplesmente ignoram: *se permitirmos que Deus lide com as pessoas que nos magoam, amadureceremos e colheremos grandes bênçãos.* Esse é o cerne deste livro. Se você está cansado e frustrado por não saber como agir diante da injustiça, prepare-se para uma revelação extraordinária: Deus enxerga o seu sofrimento. Ele compreende as aflições que você enfrenta e tem um plano para extrair delas bênçãos gigantescas para a sua vida. Antes, porém, é necessário saber o que Deus quer que você faça. Depois disso, você precisa concordar com ele e obedecer-lhe.

O resultado será maturidade, força e a oportunidade de participar estrategicamente do avanço do reino de Deus. Talvez você não concorde comigo agora, mas depois de eu apresentar essa verdade incrível extraída da Palavra de Deus, você compreenderá a razão para pular e gritar de alegria em meio às provações. É chegada a hora de celebrar uma festa em sua alma! Você está prestes a participar de uma tarefa divina importantíssima aqui na terra com o propósito de demonstrar a fidelidade de Deus com seus filhos e obter vitórias grandiosas sobre as artimanhas maléficas e destrutivas do Inimigo.

Contudo, sou o primeiro a admitir que a atitude mais comum quando somos injustiçados é sentirmos raiva e desejo de vingança. Vivemos em um mundo em que as intenções de Deus foram distorcidas, algumas a ponto de se tornarem irreconhecíveis. Uma das leis divinas mais fundamentais e espirituais é nossa percepção de justiça. Nosso âmago mental e emocional tem uma noção muito forte de certo e errado. Quando somos injustiçados, desejamos que alguém faça algo para reparar o prejuízo. E geralmente imaginamos que esse alguém seja nós mesmos. Mas não é assim que funciona.

Muitos anos atrás, meu filho mais velho, Addison, enfrentou uma situação assim na escola. A circunstância e o modo como ele se comportou revelam princípios essenciais e transformadores que apresentarei ao longo deste livro.

Há pouca coisa pior que ver um filho sofrer. Como pai de quatro garotos, meu primeiro impulso quando algum deles é

> *Quando somos injustiçados, desejamos que alguém faça algo para reparar o prejuízo. E geralmente imaginamos que esse alguém seja nós mesmos. Mas não é assim que funciona.*

injustiçado é intervir imediatamente e acertar as contas, reação tipicamente pecaminosa bem ao estilo "atire primeiro, pergunte depois".

Foi como me senti na época em que Addison chegava em casa relatando as coisas ruins que haviam acontecido com ele na escola. Minha esposa, Lisa, e eu nos sentávamos e ouvíamos nosso filho de 9 anos nos contar como determinado professor implicava o tempo todo com ele. Parecia totalmente injusto, pois Addison era um bom aluno e frequentava uma escola cristã renomada. O que estava levando nosso filho a se tornar uma criança ranzinza e resmungona?

Lisa e eu havíamos conversado várias vezes sobre esse assunto, mas não conseguíamos compreender o que estava acontecendo. É verdade que Addison era um garoto assertivo, mas geralmente não era de criar confusão. Por algum motivo, esse professor supunha que toda encrenca em sala de aula era culpa dele. Se todos os alunos estivessem fazendo algazarra, na maioria das vezes o professor olhava para Addison e lhe dava bronca. A melhor conclusão que Lisa e eu chegamos é que se tratava de um conflito de personalidade. Talvez o professor simplesmente não gostasse de Addison e vice-versa. Muitas vezes é simples assim.

Oramos sobre o assunto e torcemos para que a situação melhorasse, mas não melhorou. Deus queria responder nossas orações e eventualmente o fez, mas levou um bom tempo, pois Addison precisava aprender por experiência própria como o Senhor deseja que seus filhos se comportem quando são injustiçados.

Um belo dia, dois colegas de classe sentados atrás dele começaram a fazer bagunça. O professor, até então de costas para os alunos, virou-se para ver o que estava acontecendo e os dois garotos cessaram no mesmo instante. Sem perder tempo, o professor começou a reclamar em voz alta com Addison. Como qualquer ser humano, meu filho odeia injustiça e ficou extremamente magoado com a falsa acusação de causar desordem em sala de aula. Foi a gota d'água para ele.

Ao chegar em casa no final do dia, Addison começou a relatar o episódio. Lágrimas escorriam por seu rosto em meio a soluços. É uma situação muito difícil de lidar para um aluno da terceira série. Como toda boa mãe, Lisa o abraçou fortemente enquanto repetia: "Oh, meu filho! Oh, meu filho!" Eu também fiquei arrasado. "O que fazer? O que dizer a meu filho?" era o único pensamento que ocupava minha mente naquele instante.

Enquanto Lisa consolava Addison, algo em dentro de mim se agitou. Era o Espírito Santo falando em meu íntimo. No mesmo instante, lembrei-me de uma lição que havia aprendido anos antes. Uma luz se acendeu em minha mente e então compreendi claramente o que meu filho precisava ouvir.

— Addison, preciso fazer uma pergunta para você.

Ele ainda soluçava nos braços de Lisa.

— O que você respondeu ao professor quando ele o acusou?

Addison se endireitou e, com um olhar fulminante, exprimiu furioso:

— Eu disse que não era eu; eram aqueles dois sentados atrás de mim!

— Você sempre responde dessa forma quando ele chama sua atenção?

— Sim, principalmente quando ele está errado, o que acontece na maioria das vezes!

— Filho, o que você está fazendo não é certo.

Peguei minha Bíblia e li para ele algumas passagens esclarecedoras. Lembrei ele como Jesus se comportou quando injustiçado e como eu mesmo vivi algo parecido em meu ministério pastoral. Ao final, disse a ele:

— Addison, você precisa escolher. Você pode continuar se defendendo e resistindo à autoridade ou pode adotar a estratégia de Deus que, em minha opinião, significa que você deve pedir perdão ao seu professor por se rebelar contra a autoridade e as decisões dele. Qual dessas opções você prefere?

— Mas pai, e quando ele está errado?

— E daí? Por acaso a coisa tem funcionado do seu jeito?

— Não.

— Pois agora você tem uma alternativa: seguir o exemplo de Jesus conforme registrado na Bíblia. Ou pode continuar do seu jeito.

— Está bem, pai, farei do jeito de Deus.

— Excelente. Vamos orar.

No dia seguinte, Addison foi conversar com o professor na hora do almoço.

— Professor, Deus falou comigo. Ele me mostrou que venho desafiando sua autoridade e que isso é errado. Pode me perdoar, por favor? Não farei mais isso.

Como era de se esperar, o professor ficou sem chão. Dias depois, adivinhe quem o professor premiou como melhor aluno da semana? Addison.

E, ao final daquele ano, adivinhe quem o professor elegeu para o prêmio de melhor aluno do ano? Preciso mesmo dizer? Sim, Addison.

A questão é a seguinte: se o jeito de Deus para lidarmos com a injustiça funciona para um estudante de terceira série, também não funcionaria para mim e para você?

Minha intenção é que este livro, com a ajuda do Espírito Santo, capacite você a lidar com a injustiça de uma maneira que trará muitas bênçãos para a sua vida.

Como bem sabe o leitor, parte do meu ministério é discursar, quase toda semana, em igrejas e congressos nos Estados Unidos e mundo afora. Quando converso e observo o que as pessoas estão enfrentando, percebo que uma quantidade imensa de cristãos vive sob o peso de grandes provações. Em minhas palestras ao longo desses anos, tenho perguntado com frequência: "Para quantos de vocês o último ano foi o pior que já enfrentaram?" Entre 75% e 90% dos presentes levantam as mãos. Jamais vi algo assim em toda a minha vida. Creio que Deus está planejando alguma coisa fenomenal. Nas palavras do dr. Yonggi Cho:

> Tenho de morrer mil vezes antes de Deus fazer algo novo em minha vida. Um dia perguntei ao Senhor: "Por que tenho de morrer mil vezes?"
>
> O Senhor respondeu: "Para que adquira o caráter necessário para lidar com as responsabilidades que entregarei a você."

Muitas vezes, os sofrimentos e problemas difíceis que enfrentamos estão associados à injustiça que sofremos nas mãos dos outros. É por essa razão, assim creio, que Deus me entregou esta mensagem para compartilhar com você neste livro.

Certa vez, depois de uma palestra minha a respeito de nosso comportamento quando injustiçados, um professor de escola dominical presente no auditório se sentiu tão tocado pelo conteúdo que, ao retornar para casa, ouviu onze vezes a gravação da mensagem. Ele me contou que havia transformado aquele material em um curso acadêmico intitulado "Introdução ao cristianismo". De acordo com ele, todo cristão deveria saber como agir quando injustiçado, mas esse assunto é raramente ensinado.

Eis o que Deus promete fazer por você, caso se comporte apropriadamente quando sofrer injustiça:

- Ele defenderá e justificará você.
- Ele cobrirá você de bênçãos.

Uma verdade ignorada

- Você crescerá em caráter e desenvolverá musculatura espiritual.

No próximo capítulo, veremos como essa estratégia pode ser aplicada em sua vida — para o seu benefício, para o avanço do reino de Deus e, mais importante, para a glória do Senhor.

2

A vingança pertence ao Senhor

Somente muito depois da terceira série fui aprender que é melhor entregar a injustiça e as ofensas nas mãos do Senhor.

Comecei meu ministério como pastor de jovens em uma igreja com aproximadamente 8 mil membros. Meu chefe era um pastor administrativo que, por sua vez, se reportava a um pastor sênior.

Eu amava o meu trabalho. Deus havia colocado um fogo em meu coração para compartilhar sua Palavra da forma mais clara possível com os adolescentes daquela igreja. Consequentemente, minha mensagem semanal não tinha nada de fofo. Eu ensinava sobre obedecer a Deus, sobre santidade, sobre tomarmos nossa cruz, sobre fechar a porta do quarto e se aproximar de Deus com ousadia, e outros temas semelhantes. Toda quinta-feira à noite eu pregava sem dó nem piedade para aqueles 250 jovens, e eles me ouviam.

Um rapaz de 15 anos, filho do meu chefe, participava daquele grupo. Deus estava trabalhando na vida daquele garoto, que se aproximava cada vez mais de Cristo. Passado algum

17

tempo, certa noite esse jovem se aproximou de Lisa aos prantos e, com voz entrecortada, disse:

— Dona Lisa, como posso viver em santidade conforme o pastor John tem pregado toda semana se em minha própria casa meu pai e minha mãe fazem coisas erradas?

E então, o garoto começou a relatar detalhes para Lisa. Minha esposa ficou chocada, pois ele estava falando do meu chefe.

— Isso tem nada a ver com o que seu pai e sua mãe fazem — respondeu Lisa. — Sua vida é entre você e Jesus. Simplesmente viva diante de Deus em conformidade com o que o pastor John prega. O modo como sua mãe e seu pai vivem não é de sua responsabilidade. Ore por eles e respeite-os, mas deixe que o Senhor lide com eles.

Isso foi tudo o que Lisa conseguiu dizer naquele momento, mas foi um conselho sábio.

Não sei se o encontro desse jovem com Lisa teve algo a ver com o que aconteceu em seguida, mas por volta dessa época, o pastor administrativo, meu chefe, começou a complicar minha vida. Fiquei sabendo que ele dizia ao pastor sênior algumas inverdades sobre mim. Ao mesmo tempo, me comunicava coisas que o pastor sênior supostamente falava a meu respeito. Uma rachadura começou a se formar entre o pastor sênior e eu. Tornou-se evidente que o objetivo do meu chefe era se livrar de mim.

Passaram-se mais alguns meses até que certa noite, depois do culto, quatro adolescentes do meu grupo se aproximaram de mim, dois deles com lágrimas nos olhos.

— Pastor John, não consigo acreditar que o senhor vai ser demitido! — declarou um deles.

— Como assim? — questionei. — Onde você ouviu isso?

Em pouco tempo, descobri que o rumor havia começado com o filho do meu chefe, portanto, fui conversar com o jovem.

— De quem você ouviu que serei demitido? — perguntei.

— Do meu pai.

Era como eu suspeitava! Marquei uma reunião com meu chefe e fui conversar com ele.

— Tenho uma questão preocupante para tratar com você. Vários de meus alunos vieram me dizer que estou sendo demitido. A origem desse rumor começou com seu filho, que, por sua vez, me disse que ouviu de você. O que está acontecendo? — Ele logo começou a se remexer na cadeira.

— Sinto muito, John. Eu estava apenas repetindo para minha esposa o que o pastor sênior comentou a seu respeito. Meu filho deve ter ouvido nossa conversa. Peço desculpas. Vou pedir a ele que não fale mais nada sobre isso. — E foi tudo o que disse.

Eu agradeci e saí do escritório dele mais confuso do que quando entrei. Já não sabia se seria demitido ou não.

Essa incerteza me encobriu como nuvens escuras por mais dois meses. Certo dia, um dos funcionários veio me comunicar que eu seria, enfim, demitido. No domingo seguinte, o pastor sênior anunciou, perante milhares de pessoas: "A igreja passará por mudanças drásticas e terei uma reunião com todos os jovens e seus pais na próxima quinta-feira à noite." Eu estava sentado na fileira de cadeiras atrás do púlpito. "Sei muito bem que mudanças drásticas são essas", pensei. "Amanhã cedo serei demitido."

Foi um fim de semana arrasador para mim. Minha esposa e eu tínhamos um filho e ela estava grávida do segundo.

— E agora, John? — Lisa me perguntava. — Você não vai fazer nada? Não vai buscar uma solução?

— Querida, foi Deus que nos trouxe para cá. Eu não fiz nada de errado. Vou deixar tudo nas mãos dele.

No dia seguinte, fui convocado para uma reunião no escritório do pastor sênior. Seria minha primeira reunião com ele em quatro meses! O pastor administrativo e outro membro da igreja também deveriam participar, mas nenhum dos dois estava presente quando entrei no escritório.

— John — disse ele logo que entrei —, Deus enviou você para esta igreja e você não vai sair daqui até que ele termine a obra que entregou para você fazer. — E acrescentou: — Por que o pastor administrativo está tão decidido a se livrar de você? Por que ele quer que você seja despedido?

— Não sei — respondi. — Não faço a mínima ideia.

— Você precisa descobrir o que está acontecendo e resolver o problema. Poderia fazer isso, por favor? Não estou gostando nada desse conflito.

— Claro, vou tentar, mas não faço ideia do que se trata.

Conversamos por mais alguns minutos e antes de eu sair ele me disse que poderíamos conversar sempre que eu precisasse.

Aproximadamente um mês depois encontrei evidências, por escrito, de coisas inapropriadas que o pastor administrativo andava fazendo. Também descobri que ele vinha tentando demitir o coordenador de música e outro funcionário da igreja. "É hora de eu mostrar este documento para o pastor sênior. Ele precisa saber o que esse sujeito está aprontando. Estarei prestando um serviço à igreja e protegendo o ministério." Em minha opinião, o pastor administrativo havia manipulado de tal maneira o pastor sênior a ponto de este ter perdido a visão da realidade. Eu tinha em minhas mãos o poder de consertar toda aquela situação. Senti-me quase nobre diante da possibilidade de expor um sujeito que estava perseguindo outros e, claro, a mim também.

Marquei uma reunião com o pastor sênior e, antes de vê-lo, reservei um tempinho para orar. Passei quarenta minutos debatendo com Deus. "Senhor, como compartilhar esta informação com o pastor sênior? Devo simplesmente entregar o documento nas mãos dele ou conversar sobre o conteúdo?" Nenhuma resposta. Orei de outra maneira. Nada. Por fim, parei de orar, olhei para cima e exclamei: "Deus, o Senhor não quer que eu entregue este documento ao pastor, é isso?"

Algo maravilhoso aconteceu no mesmo instante! A paz de Deus sobreveio como uma onda gigantesca. Ficou muito claro o que ele desejava. Rasguei o documento em pedacinhos e joguei no lixo. "De duas, uma: sou o cara mais doido que já viveu ou estou obedecendo fielmente a Deus." É sério. Depois de tudo o que passei nas mãos desse sujeito, me pareceu uma tremenda loucura jogar tudo fora.

Mais um mês se passou e nada aconteceu. Continuei trabalhando, mas o clima ainda estava pesado. Certa manhã, eu orava no pátio de estacionamento da igreja (sempre gostei de orar ao ar livre e geralmente chegava uma hora e meia antes das atividades da igreja para gastar algum tempo sozinho com o Senhor) quando vi o pastor administrativo entrar no pátio e estacionar o carro em sua vaga reservada. Naquele mesmo instante, recebi uma impressão muito clara da parte de Deus: "Quero que você vá se desculpar com ele e peça-lhe perdão."

Honestamente, aquilo me deixou confuso e aborrecido. "O quê? Pedir perdão a ele? Mas eu não fiz nada. Foi ele que tentou me tirar da igreja. Até joguei fora as evidências! Como assim sou eu que devo pedir perdão a ele?"

Comecei a duvidar. Talvez não tivesse compreendido bem a mensagem do Senhor. Rapidamente mudei o foco e comecei a orar sobre missões. No mesmo instante, minha oração pareceu seca como o deserto do Saara. Era como se Deus tivesse ido embora. É claro que ele ainda estava ali. Afinal, ele mesmo prometeu que jamais nos abandonaria. Entretanto, a percepção da presença dele evaporou. Teimoso como sou, continuei orando por meus irmãos e irmãs que se dedicam às missões.

Depois de outros vinte minutos me contorcendo, por fim orei: "Está bem Deus, o que o Senhor quer que eu faça?"

O Espírito Santo retornou imediatamente. "Quero que você vá se desculpar com ele."

Finalmente me dei por vencido. "Não adianta fugir do Senhor, não é? Farei o que me pediu." Retomei o foco e comecei a orar a respeito do que dizer ao meu chefe, pois não consegui encontrar nada sobre o que me desculpar. O Senhor, porém, me mostrou algumas coisas, então fui até o escritório do meu chefe, sentei-me à mesa dele e disse:

— Eu estava orando no estacionamento quando você chegou hoje de manhã e o Espírito de Deus me pediu para eu me desculpar por ter criticado e julgado você. O Senhor me mostrou que agi errado. Você me perdoa?

Ele pareceu surpreso, mas respondeu:

— Sim, claro, eu perdoo você.

Embora eu ainda estivesse confuso, me pareceu correto ter obedecido a Deus.

Outros seis meses se passaram e os ataques dele diminuíram nesse período. Em determinado momento, precisei viajar e passei um final de semana fora. Nesse ínterim, a casa caiu para o pastor administrativo. Todas as coisas erradas que ele havia feito vieram à tona (e outras ainda piores que eu não sabia), inclusive algumas ilícitas, pelas quais ele poderia ser processado e até preso. Apesar disso, o pastor sênior teve misericórdia e não quis levar o caso à justiça. As evidências foram arquivadas em um escritório de advocacia e o pastor foi demitido no mesmo instante.

No final, ele acabou caindo na mesma armadilha que havia preparado para mim. Não bastasse isso, fui vindicado perante o pastor sênior e a equipe ministerial, que testemunharam a razão de ele ter feito o que fez comigo. Muitos meses depois de eu ter saído dessa igreja e assumido outro ministério, retornei a pedido deles quase uma dúzia de vezes para pregar no culto principal.

Embora eu já soubesse o que as Escrituras dizem sobre como enfrentar a injúria, tudo por que passei foi uma experiência que ficou gravada bem no fundo do meu coração. *Eu entendi!* Desde então, minha vida jamais foi mais a mesma. Hoje tenho um grande desejo de compartilhar o que aprendi com você.

Não busque vingança

Em sua carta aos Romanos, o apóstolo Paulo fornece alguns dos ensinamentos mais claros a respeito de como devemos agir quando maltratados.

Paulo certamente sabia tudo sobre esse assunto, tanto do ponto de vista de quem maltrata quanto de quem é maltratado. Antes de sua conversão dramática em seu encontro com Jesus na estrada para Damasco, Saulo, como era chamado antes de se converter, perseguia cristãos por toda parte. O cara era uma máquina de maltratar! Em seu ódio contra os cristãos, Saulo "devastava a igreja. Indo de casa em casa, arrastava tanto homens como mulheres e lançava-os na prisão" (Atos 8:3). Saulo participou da multidão enraivecida que apedrejou Estêvão e o transformou em mártir. E, naquela mesma viagem em que Deus se revelou em uma grande luz e Saulo caiu ao chão, o texto bíblico registra que ele "ainda respirava ameaças de morte contra os discípulos do Senhor [...]" (Atos 9:1)

Entretanto, pouco depois de conhecer Jesus, Saulo começou a experimentar o significado de sofrer. Depois de sua primeira e grandiosa pregação (em que testemunhou poderosamente que Jesus era, de fato, o Messias), os judeus tramaram tirar sua vida, de modo que a única maneira de escapar vivo de Damasco foi por meio de um cesto abaixado do lado de fora do muro da cidade. Mais tarde, Saulo, agora chamado Paulo, fez uma lista dos maus-tratos que sofreu como apóstolo do evangelho:

> Cinco vezes recebi dos judeus quarenta açoites menos um. Três vezes fui golpeado com varas, uma vez apedrejado, três vezes sofri naufrágio, passei uma noite e um dia como náufrago em alto-mar. Estive continuamente viajando de uma parte a outra, enfrentei perigos nos rios, perigos de assaltantes, perigos entre os meus compatriotas, perigos entre gentios; perigos na cidade, perigos no deserto, perigos no mar e perigos entre falsos irmãos. Trabalhei arduamente; muitas vezes fiquei sem dormir, passei fome e sede, e muitas vezes fiquei em jejum; suportei frio e nudez. Além disso, enfrento diariamente uma pressão interior, preocupando-me com todas as igrejas (2Coríntios 11:24-28).

Paulo poderia muito bem ter escrito um livro sobre maus-tratos! E, em certo sentido, foi exatamente o que fez.

Fui injustiçado, e agora?

Leia o que esse perito bem qualificado e inspirado pelo Espírito Santo escreveu sobre o assunto:

> Não retribuam a ninguém o mal com o mal. Procurem agir corretamente diante de todos os homens. Se possível, naquilo que depender de vocês, vivam em paz com todos os homens. Amados, nunca procurem vingar-se, mas deixem com Deus a ira, pois está escrito: "Minha é a vingança; eu retribuirei", diz o Senhor (Romanos 12:17-19).

Depois de todos os maus-tratos que recebeu em seu serviço ao Senhor Jesus Cristo e sua igreja, Paulo escreveu: "Não retribuam a ninguém o mal com o mal"!

Se eu estivesse lendo essa passagem em uma de minhas pregações, sem dúvida encorajaria você a concordar com um alto e bom "Amém!" Contudo, como não posso vê-lo olho no olho e me certificar de que esteja prestando atenção, imploro que reflita profundamente sobre o que a Palavra de Deus está transmitindo nessa passagem. Caso esteja meio sonolento, vá buscar um copo de café! Se você deseja aprender a enfrentar o sofrimento, *é necessário entender o que a passagem está comunicando!*

De acordo com Paulo, quando alguém nos assola, não devemos nos defender de todas as formas possíveis a fim de garantir nossos direitos. Ao contrário, sempre que possível devemos buscar a paz em todos os nossos relacionamentos.

"Não responda com a mesma moeda", já dizia o antigo ditado. Precisamos cultivar uma atitude de aceitação em vez de sempre buscarmos reparação para cada maldade cometida contra nós.

Você conhece alguém que nunca deixa passar nada? Se alguém fura a fila no caixa de supermercado, a pessoa já sai soltando os cachorros: "Ei, você aí! Não está vendo a fila, não?", e então lança um olhar raivoso e corrosivo capaz de oxidar até pintura automotiva.

Não podemos ter esse tipo de atitude se desejamos obedecer ao mandamento de "não pagar o mal com o mal".

Em seguida, Paulo acrescenta a razão por que não temos necessidade de sempre nos defender: "Amados, nunca procurem vingar-se [...] pois está escrito: 'Minha é a vingança; eu retribuirei', diz o Senhor" (Romanos 12:19).

> *Deus não é de jogar conversa fora! Quando Ele fala, diz com seriedade e autoridade.*

Eis aí o primeiro princípio para aprendermos a superar todo tipo de maldade, desde o menor aborrecimento até a traição mais dolorida. Por meio da fé, compreendemos e aceitamos que nosso Pai celestial prometeu agir em nosso benefício se colocarmos nossos problemas nas mãos dele. No final das contas, ele é o responsável por fazer justiça, não você ou eu.

Essa passagem bíblica não é mera sugestão ou recomendação. É um mandamento! Deus não é de jogar conversa fora! Quando Ele fala, diz com seriedade e autoridade.

Fui injustiçado, e agora?

"Não busque vingança quando sofrer algum mal" é um ideal divino repetido várias vezes no texto bíblico. Abaixo vemos alguns exemplos do que Deus falou a respeito deste assunto:

- "Não diga: 'Eu o farei pagar pelo mal que me fez!'. Espere pelo SENHOR, e ele o livrará" (Provérbios 20:22).
- "Minha é a vingança; eu retribuirei. No devido tempo, os pés deles escorregarão; o dia da sua desgraça está chegando, e o seu próprio destino se apressa sobre eles" (Deuteronômio 32:35).
- "Não diga: 'Farei com ele o que fez comigo; ele pagará pelo que fez'" (Provérbios 24:29).
- "Pois conhecemos aquele que disse: 'Minha é a vingança; eu retribuirei'; e também: 'O Senhor julgará o seu povo'" (Hebreus 10:30).

Captou a mensagem? Em nossa carne é natural agirmos de modo oposto, isto é, frequentemente desejamos retribuir na mesma moeda. Mas isso está errado. Deus ordena que entreguemos a vingança nas mãos dele. Não é certo que o povo de Deus busque vingança, mas é totalmente lícito que Deus vingue seu povo.

Deus vingará seu povo

Essa verdade profunda a respeito de não buscarmos vingança é um exemplo de como os cristãos podem se meter em apuros quando valorizam o que Deus considera secundário e menosprezam o que Deus considera prioridade. A Bíblia traz muitos temas úteis e interessantes, mas nem todos são verdades relevantes. É comum gastarmos tempo discutindo temas irrelevantes sem jamais compreendermos princípios maiores, por exemplo, como Deus deseja que nos comportemos diante das injustiças que sofremos.

Sou grato por ter aprendido em minha juventude cristã algo que carrego comigo até hoje: é um tapa na cara de Deus, um insulto à sua pessoa, quando nos comportamos como se não acreditássemos que ele fará conforme prometeu. É como se eu dissesse a um de meus filhos: "Vou comprar um presente de Natal bem bacana para você" e ele me respondesse: "Eu sei que você me prometeu um presente bacana, mas não acredito que vai cumprir sua palavra." Seria um insulto à minha integridade! Não apenas me magoaria como também me deixaria furioso.

Como você acha que Deus se sente quando agimos assim com ele? Ele nos diz que depois de entregarmos a ele as injustiças que sofremos, devemos descansar, pois ele nos socorrerá ou nos vindicará quando formos maltratados. Por acaso nossa atitude mostra que acreditamos nessa verdade?

Jesus se entristecia muito quando as pessoas não acreditavam que ele faria o que havia prometido. Lembra-se daquele episódio em que Jesus disse aos seus discípulos, às margens do mar da Galileia, para entrarem no barco e cruzarem até a outra margem? Ele não disse: "Tomara que consigamos chegar ao outro lado sãos e salvos."

Chegado o momento de partir, todos subiram ao barco e Jesus se deitou em um canto para tirar uma soneca. Ele não precisava passar a noite toda acordado e preocupado que o barco batesse em alguma pedra e afundasse ou que piratas os capturassem como reféns! Jesus falou com autoridade porque obedecia ao seu Pai celestial. Ele estava simplesmente cumprindo ordens: "Reúna os discípulos e cruze para a outra margem." Consequentemente, quando veio a tempestade e os discípulos estremeceram, a primeira coisa que Jesus fez foi ordenar à tempestade que se acalmasse. Em seguida, virou para os discípulos e os repreendeu por demonstrarem pouca fé, como se dissesse: "Eu não disse que atravessaríamos até a metade do caminho e então afundaríamos. Disse que cruzaríamos até o outro lado."

Deus é uma pessoa de palavra. Quando faz uma promessa, é trato feito. Ele não tem falhas de caráter. Não pode mentir. Nunca desanima. Para ele não existe dia ruim. Sua palavra é sólida como rocha. "De fato, eu, o SENHOR, não mudo", diz o texto bíblico (Malaquias 3:6a). O apóstolo Tiago escreveu que Deus "não muda como sombras inconstantes" (Tiago 1:17). A Bíblia nos diz claramente que Deus corrigirá toda injustiça cometida contra nós. Nosso trabalho é confiar em sua promessa e obedecer.

Tenho mais um ponto para acrescentar. Paulo escreveu que, em vez de buscarmos vingança, devemos deixar nossa ira com Deus. Em outras palavras, é possível atrapalharmos Deus em seu trabalho de nos vindicar. Podemos impedi-lo de executar vingança em nosso benefício quando agimos errado diante da injustiça. Discutirei esse assunto com mais detalhes adiante. Por ora, é suficiente entender que a vingança não pertence a nós, mas a Deus.

> *Deus é uma pessoa de palavra. Quando faz uma promessa, é trato feito.*

E este, caro leitor, é um fato extraordinário: nosso Deus Todo-Poderoso observa tudo o que acontece conosco e diz: "Deixa comigo, eu resolverei."

Aleluia!

3

A forma correta de agir

Conforme observamos, Deus deseja que entregue-mos nas mãos dele todas as injustiças cometidas contra nós. Entretanto, o que devemos fazer? Já sabemos que é errado fazer justiça com as próprias mãos. Mas qual é a forma correta de agir?

O exemplo de Jesus

Se houve alguém que soube como agir diante da injustiça com certeza foi Jesus Cristo. Se assimilarmos o modo como Jesus se comportou em situações difíceis, verdadeiramente saberemos como agir.

Jesus sofreu um bocado em seu ministério. Algumas vezes nos esquecemos disso quando nos concentramos em todas as coisas maravilhosas que ele fez: transformar água em vinho, curar pessoas cegas e com deficiências, alimentar multidões a partir de poucos pedaços de pão e alguns peixes, andar por sobre as águas, expulsar demônios, acalmar tempestades e ressuscitar os mortos. Tudo isso parece fascinante, glorioso. Entretanto, precisamos nos lembrar de que a vida terrena

33

Fui injustiçado, e agora?

de Jesus foi muito parecida com a nossa, isto é, muitos dias bons intercalados com dias ruins.

Sem dúvida, as dificuldades que Jesus sofreu começaram de um modo dramático durante sua tentação no deserto, onde foi insultado e ridicularizado por Satanás. Mais tarde, no início de seu ministério, foi a vez das pessoas o criticarem. Os líderes religiosos andavam o tempo todo em seu encalço e continuamente o importunavam. Seus discípulos fizeram o melhor que podiam para seguir e obedecer a ele, mas com frequência tropeçavam em descrença e desconfiança. Certa ocasião, uma grande multidão de seguidores apenas arrumou as malas e se mandou (veja João 6:66). Até seus próprios irmãos e irmãs não criam nele. Não bastasse isso, eles pensaram que Jesus estava mentalmente desequilibrado e tentaram levá-lo para casa a fim de evitar que envergonhasse a família (veja Marcos 3:21).

Contudo, os piores abusos e dificuldades vieram no final de sua vida. Poucos dias antes de sua morte, Jesus demonstrou poderosamente como devemos agir quando sofremos.

Estamos bem cientes de como cada um dos discípulos virou as costas para Jesus. Tudo começou com a decisão de Judas de trair o Filho de Deus em troca de dinheiro fácil. Em seguida, os demais discípulos sequer permaneceram acordados para orar com Jesus. Na verdade, todos fugiram (veja Marcos 14:50). Por fim, um de seus discípulos mais chegados, Pedro, amaldiçoou com raiva e negou que o conhecia.

Mas o pior ainda estava por vir, pois em seguida Jesus teve de enfrentar a farsa de seu julgamento. Próximo ao final

A forma correta de agir

de sua provação, ele nos deixou um exemplo de como devemos agir quando somos afrontados:

De manhã bem cedo, os chefes dos sacerdotes com os líderes religiosos, os mestres da lei e todo o Sinédrio chegaram a uma decisão. Amarrando Jesus, levaram-no e o entregaram a Pilatos.

— Você é o rei dos judeus? — perguntou-lhe Pilatos.

— Tu o dizes — respondeu Jesus.

Os chefes dos sacerdotes o acusavam de muitas coisas. Então Pilatos lhe perguntou novamente:

— Você não vai responder? Veja de quantas coisas acusam você.

Jesus, porém, nada respondeu, de modo que Pilatos ficou impressionado (Marcos 15:1-5).

Observe o que diz a passagem sobre o comportamento de Jesus. Depois de fornecer o equivalente a nome, número e patente, conforme faria qualquer soldado capturado por um inimigo, Jesus "nada respondeu." Ora, isso é simplesmente inacreditável! Se alguém em toda a história tinha o direito de se defender e provar ao juiz a grande farsa de seu julgamento, esse alguém era Jesus.

Se alguém em toda a história tinha o direito de se defender e provar ao juiz a grande farsa de seu julgamento, esse alguém era Jesus.

Jesus estava diante de um tribunal de justiça, a corte mais alta do país, e suas testemunhas de acusação (os

35

chefes dos sacerdotes) declaravam mentiras a seu respeito. É importante compreender que esses chefes dos sacerdotes eram mais que líderes religiosos: eram também líderes políticos. Sempre que Roma conquistava um novo território ou nação, era permitido que a terra invadida governasse a si mesma, embora sob supervisão romana. Esses chefes dos sacerdotes, portanto, eram as pessoas mais influentes de toda a nação naquele tribunal, e o que estavam dizendo a respeito de Jesus não continha uma partícula sequer de verdade. Mesmo assim, Jesus não lhes dirigiu uma única palavra. Ele simplesmente não se defendeu!

E por que permaneceu em silêncio, sem se defender? Porque ele havia, em obediência, entregado tudo nas mãos daquele que o julgaria com justiça, seu Pai celestial.

Pilatos, encarregado de supervisionar toda aquela farsa, bem sabia o que estava acontecendo, a ponto de por fim exclamar: "Por que você não se defende dessas mentiras?" Jesus, porém, não respondeu e Pilatos "ficou impressionado." Ele não tinha dúvida alguma de que Jesus era vítima de uma armação e de que seus acusadores não tinham nenhuma prova que o incriminasse.. Pilatos jamais havia visto algo assim. Os acusados que compareciam à sua corte geralmente se mostravam bem-dispostos a se defenderem. A possibilidade de sofrer punição, prisão e até execução nas mãos dos romanos era um pensamento pouco agradável.

Registros históricos desse período indicam que Pilatos estava ciente da existência de Jesus antes de este comparecer ao seu tribunal. A exemplo de Herodes, Pilatos ficou intrigado com Jesus. Algumas evidências indicam que em algum momento ele teve uma conversa com Jesus. Até a esposa de Pilatos disse ter sonhado com Jesus e advertiu o marido a não se envolver com aquele inocente (veja Mateus 27:19). Mais tarde, durante a crucificação, foi Pilatos que mandou afixar na cruz uma placa com os dizeres: "Rei dos judeus". Revoltados, os chefes dos sacerdotes foram reclamar com Pilatos, dizendo que o próprio Jesus havia feito aquela declaração, de modo que a placa deveria ser retirada, mas ele não lhes deu atenção e disse: "O que escrevi, escrito está" (João 19:22).

E assim vemos Pilatos, observando e ouvindo declarações de mentirosos sanguinários que buscavam a morte de Jesus por meio de provas fabricadas, e Jesus, sem responder uma única palavra, porquanto havia entregue sua causa nas mãos de seu Pai, que o julgaria com justiça.

Esse é o exemplo que Jesus nos deixou.

Não é de surpreender, portanto, que o apóstolo Paulo também tenha salientado esse comportamento. Jesus e Paulo foram bons estudiosos das Escrituras judaicas e ambos citaram, quase *verbatim*, o que Salomão havia escrito séculos antes:

> Se o seu inimigo tiver fome, dê-lhe de comer; se tiver sede, dê-lhe de beber. Fazendo isso, você amontoará brasas vivas sobre a cabeça dele, e o SENHOR recompensará você (Provérbios 25:21-22).

A lição é clara: sempre que bater o desejo de nos vingar-mos de alguém que nos magoou ou nos difamou, precisa-mos estender a mão, não para dar um soco, mas para entre-gar um pão quentinho e um café fresquinho. É óbvio que agir desse modo não parece normal. Atos de bondade como esse muitas vezes exigem certa dose de criatividade. Toda-via, a fim de obedecermos ao plano de Deus, devemos aben-çoar todos aqueles que fazem da nossa vida um inferno.

Portanto, desde um mero inconveniente até uma pu-nhalada nas costas e quaisquer ofensas entre um e outro, o modo de agir é o mesmo:

- se o seu ofensor estiver com sede, ofereça uma água fresca;
- se estiver com fome, prepare um churrasco;
- se estiver com problemas financeiros, ajude-o com dinheiro;
- se estiver se sentindo sozinho, converse com ele;
- se ele teve um caso extraconjugal, continue se dedicando a ajudar seu casamento;
- se lhe fechou no trânsito, retribua com um sorriso;
- se o aborreceu no escritório, trabalhe até mais tarde de graça.

E, se agir com esse tipo de bondade com quem o ofende faz você se sentir desconfortável ou parecendo um trouxa, lembre-se das coisas que Jesus sofreu por você.

Em suas instruções aos seus discípulos, que também se aplicam a você e a mim, Jesus explicou a razão para, caso desejarmos andar com ele, não nos defendermos quando acusados injustamente. Pense desta maneira: quando se esforça demais para provar sua inocência, você acaba se submetendo ao seu acusador. É por essa razão que Jesus disse:

> — Não demore para entrar em acordo com o adversário que pretende levar você ao tribunal. Faça isso enquanto ainda estiver com ele no caminho; caso contrário, ele poderá entregar você ao juiz, e o juiz entregá-lo ao guarda, e você poderá ser jogado na prisão. Em verdade lhe digo que você não sairá de lá enquanto não pagar o último centavo (Mateus 5:25-26).

Em outras palavras, seu acusador tirará tudo o que imagina que você deve a ele.

A partir do momento que começar a bater boca para se justificar e se defender, você atribuirá ao seu acusador o papel de juiz. Em sua tentativa de retorquir e se defender das acusações, você estará, em certo sentido, se sujeitando ao ponto de vista do outro. A partir daí, é ele que assume o controle da situação. Ora, se ele não é seu juiz, por que você tem de se submeter a ele? Todavia, você o eleva à posição de juiz quando sente a necessidade de se defender.

> *Quando se esforça demais para provar sua inocência, você acaba se submetendo ao seu acusador.*

Ao tentar se defender de todas as maneiras, você abre mão do seu direito espiritual à proteção divina. Nesse caso, seu acusador se torna maior que você, uma vez que sua tentativa de se defender aumenta a influência dele sobre você. Em sua desesperada tentativa de lutar por seus direitos, você concede a ele uma influência enorme em sua vida!

Experiência pessoal

Permita-me ilustrar essa situação com um exemplo. Alguns anos atrás, uma pessoa influente no meio cristão fez uma declaração falsa a meu respeito para duas instituições famosas. Não havia um pingo de verdade no que essa pessoa disse, mas em questão de dias aquela acusação acabou trazendo um prejuízo de dez mil dólares ao ministério em que eu atuava.

Fiquei sabendo disso por meio de um telefonema do administrador desse ministério. Aquilo me deixou louco. Eu estava subindo pelas paredes. Recebi o telefonema enquanto aguardava um embarque internacional para a Suécia. Foi pura misericórdia do Senhor, pois não havia nada que eu pudesse fazer naquele momento, exceto me acalmar e orar. Aprendi uma lição ao longo desses anos: quando você se deparar com uma crise ou uma situação de injúria, não faça nada antes de uma boa noite de descanso. Se você não está ouvindo a voz de Deus durante o dia, ele falará com você enquanto dorme.

E assim, soltando fumaça pelas orelhas, embarquei no avião. Em minha carne eu ainda buscava uma solução para "colocar tudo em pratos limpos." Todavia, em algum momento sobre o oceano Atlântico, o sono me alcançou.

Acordei na manhã seguinte com o avião iniciando os procedimentos de aterrisagem em Estocolmo e logo me veio um pensamento: "Você pode encarar a situação como um furto e exigir, pelo Espírito, que o ladrão restitua sete vezes mais" (veja Provérbios 6:31). Entretanto, não me pareceu uma ideia muito satisfatória. Eu ainda me sentia lesado. Então, outro pensamento surgiu: "Ou você pode encarar como uma doação, não como uma perda." Agora me senti bem melhor. Minhas emoções se acalmaram e comecei a me sentir aliviado, feliz até. É muito gostoso doar! Além disso, o Senhor promete restituir cem vezes mais nossa doação (veja Marcos 10:29-30).

Comecei a orar em consonância com esse último pensamento. Ao retornar para os Estados Unidos, apresentei essa ideia para Lisa e Ted Haggard, meu pastor, e eles também gostaram. Então, para sacramentar a questão diante de Deus, Lisa e eu oramos: "Pai, estamos doando, em nome de Jesus, todo esse valor que perdemos por causa da palavra desse homem. Abençoamos esse dinheiro em nome de Jesus."

Pronto, tudo resolvido. Minha raiva desapareceu. Voltei a ser feliz. Consegui perdoar e prosseguir com a vida. Agora a situação estava nas mãos habilíssimas do Pai.

Dez dias depois, um casal tocou a campainha de nossa casa no Colorado. Eles eram do Texas, portanto não se tratava de uma visita de quem estava apenas passando por perto. Abri a porta, eles me entregaram um envelope, conversamos por dez minutos e foram embora. Dentro do envelope havia um cartão e um cheque de dez mil dólares em nome do nosso ministério. "Veja só esse cheque, querida!", exclamei para minha esposa. "Já recebemos um cêntimo. Agora só faltam 99!"

Jesus foi muito veemente a respeito dessa questão, a ponto de ordenar que abençoemos nossos inimigos muito além do mínimo. De acordo com ele, resistir ao perverso não é apenas abrir mão de se defender, mas agir com bondade e abençoar aqueles que nos caluniam.

"Se alguém o forçar a caminhar com ele uma milha, vá com ele duas", disse Jesus em uma de suas ilustrações (Mateus 5:41). Durante o ministério terreno de Jesus, os conquistadores romanos estavam autorizados a pedir a qualquer indivíduo não romano que carregasse um fardo por até uma milha. O que Jesus quis dizer, portanto, é o seguinte: "Livre-se da mentalidade de escravo e torne-se um servo." Ora, o escravo faz o mínimo necessário, mas o servo se esforça para realizar o máximo possível. O escravo *tem de*, mas o servo *se dispõe a*. O escravo é roubado, mas o servo doa.

Brasas vivas

O que Salomão quis dizer (e mais tarde Paulo) ao escrever que amontoamos "brasas vivas" sobre a cabeça daqueles que nos fazem o mal? Não parece muito espiritual.

O sentido básico é este: quando você não se defende, e ainda por cima demonstra bondade com quem o difamou, na maioria das vezes o ofensor se sentirá envergonhado e cessará com as ofensas. Ele sentirá "uma vergonha abrasadora" e muito provavelmente desistirá de continuar — e quem sabe comece a caminhar para o arrependimento, a reconciliação e até a amizade.

Portanto, a primeira razão de Deus para não nos defendermos nem buscarmos vingança contra nossos inimigos é porque agir desse modo abre espaço para a justiça de Deus e guarda nossa consciência limpa.

Caso você esteja pensando que obedecer é somente para seu próprio benefício e para o bem daqueles que o maltrataram (o que de fato é verdade), resta ainda um propósito maior, o qual Paulo resume da seguinte maneira: "Não se deixem vencer pelo mal, mas vençam o mal com o bem" (Romanos 12:21).

Mesmo vindo de Paulo, que verdade grandiosa! O que o apóstolo está dizendo aqui é o seguinte: se agirmos em conformidade com o desejo de Deus quando somos injustiçados, nos tornaremos agentes divinos na luta contra o mal. Nossas boas obras não são simplesmente "bacanas" e fomentadoras de bons relacionamentos. Obviamente, não há nada de errado com isso. Afinal, nosso mundo precisa de muito sal e luz! Todavia, a mensagem maior que Paulo transmite aqui é que a obediência cristã em nossa caminhada humilde seguindo o exemplo de Jesus, que não se defendeu quando foi injustiçado, nos posiciona ao lado dos melhores guerreiros que avançam a causa de Cristo e do reino de Deus na luta contra o mal!

Fui injustiçado, e agora?

Glória a Deus. Que honra! E tudo começa com oferecer a outra face e ficar em silêncio, entregando nossa defesa nas mãos de Deus naqueles momentos em que a vida se mostra injusta.

4

Sobre a autoridade

Muitas vezes, somos magoados por pessoas em posição de autoridade. Em família, a mágoa pode vir de pais que disciplinam seus filhos com severidade. Algumas vezes, pode vir de um professor ou um treinador que abusa de sua autoridade para envergonhar um aluno com dificuldade de compreensão ou um atleta que não sabe jogar bem. Alguns chefes podem culpar injustamente seus empregados por problemas de logística ou pela perda de um grande negócio. De tempos em tempos, um policial pode ser acusado falsamente de discriminar pessoas em termos de raça ou etnia. Mais triste, porém, é observar na igreja pessoas em posição de autoridade abusando de seu poder para calar os membros ou tirar proveito deles.

Todas as autoridades governamentais foram estabelecidas por Deus

O que diz a Bíblia sobre como devemos nos comportar diante das autoridades? Mais uma vez o apóstolo Paulo traz uma afirmação clara sobre o assunto:

Fui injustiçado, e agora?

> Todos devem sujeitar-se às autoridades governamentais, pois não há autoridade que não venha de Deus; as autoridades que existem foram estabelecidas por ele (Romanos 13:1).

Até aquelas pessoas mais autossuficientes e inconformistas têm dificuldade para se esquivar do significado desse versículo. A palavra "todos" não deixa espaço para exceções. "Sujeitar-se às autoridades governamentais" também está muito claro. Precisamos engolir nosso desejo de autossuficiência e proclamar a verdade de que nós cristãos não devemos resistir às autoridades legítimas em nossa vida. (Mais adiante discutirei algumas raras situações em que é necessário desobedecer à autoridade.)

Levei algum tempo para aceitar isso em todas as áreas da minha vida. Ainda falho algumas vezes, mas a Palavra de Deus me transformou e hoje sou capaz de agir melhor. No passado, por exemplo, se eu estivesse dirigindo e visse luzes vermelhas e azuis piscando no meu retrovisor, fatalmente tentaria engambelar o policial para escapar da multa. Contudo, creio que não era isso o que o apóstolo Paulo tinha em mente quando pediu que nos sujeitássemos às autoridades governamentais.

> *Precisamos engolir nosso desejo de autossuficiência e proclamar a verdade de que nós cristãos não devemos resistir às autoridades legítimas em nossa vida.*

Sobre a autoridade

A última vez que a polícia me parou (e gostaria de acrescentar que isso raramente acontece hoje; meu pé direito emagreceu bastante!), um dos meus funcionários estava comigo no carro. Aquele jovem havia sido criado por um pai que desprezava policiais. Quando viu as luzes piscando atrás de nós, perdeu a compostura e começou a reclamar do policial. No mesmo instante, eu disse: "Por que você está esbravejando? Não culpe o policial! Ele é um servo que Deus colocou para proteger o povo. Eu estava acima da velocidade permitida. Ele só está fazendo o trabalho dele."

Abaixei o vidro e entreguei a carteira de motorista e os documentos do carro. Ele voltou para a viatura para checar meus dados no computador. Ninguém gosta dessa parte do procedimento. É muito embaraçoso: você parado ali, à beira da estrada, e todo mundo dirigindo devagar para dar uma boa olhada no rosto do motorista dentro do carro.

Minutos depois, o policial retornou e deu uma batidinha no vidro.

— Sr. Bevere, o senhor estava acima do limite de velocidade, logo, terei de multá-lo. — Quase era possível ouvir os músculos do policial se preparando para uma resposta desagradável, mas eu disse apenas:

— Obrigado por sua atenção. Eu estava errado, portanto, sou culpado. Não comparecerei ao tribunal para me defender. Eu mereço essa multa e quero agradecer por sua dedicação à nossa comunidade. Precisamos de você. Deus abençoe.

Aprendi a aguardar até que o policial entregue a multa, uma vez que, depois de entregue, ele não pode tomá-la de volta. Faço isso porque muitos policiais, de abismados com minha resposta, fazem uma cara como se quisessem pegar a multa de volta, porém é tarde demais.

Meu funcionário se surpreendeu com minha atitude e aprendeu uma lição de vida. Ele observou, em tempo real, como devemos nos comportar diante das autoridades: sem nos justificar, sem culpar os outros, sem resmungar ou reclamar. Devemos aceitar o que merecemos de forma respeitosa.

A principal razão para agirmos assim está fundamentada em uma instrução muito clara de Deus sobre esse assunto, conforme lemos em Romanos 13:1:

> [...] pois não há autoridade que não venha de Deus; as autoridades que existem foram estabelecidas por ele.

Atualmente, nossas autoridades não desfrutam de boa reputação, talvez menos ainda na cultura Ocidental que em outras partes do mundo. Não me parece exagerado dizer que as sementes dessa rebelião foram plantadas na década de 1930, época em que professores universitários começaram a ensinar aos nossos estudantes o liberalismo e o racionalismo importados da Europa. O resultado disso se tornou evidente já na década de 1960, refletido na má disposição para com as autoridades. A ruptura com a moralidade sexual tradicional, o surgimento da cultura das drogas, o aumento do divórcio, a degeneração dos valores propagados pela televisão e pelo cinema, os tumultos nas grandes cidades — todas essas mudanças e outras mais contribuíram para o declínio do respeito às autoridades. Em protestos universitários, estudantes desvairados se referiram aos policiais como "porcos". O respeito pela liderança governamental desmoronou em razão de controvérsias sobre a guerra e as relações internacionais. O escândalo de Watergate foi o primeiro de muitos. Ao que parece, a mídia foi assolada por uma espécie de febre sensacionalista, bem ao estilo de tabloide. Muitos de nossos heróis e outras figuras da vida pública ou em posição de autoridade tiveram sua reputação arrastada na lama.

Além disso, provavelmente o pior de tudo, vários líderes espirituais proeminentes foram pegos em casos extraconjugais, furtando dinheiro da igreja ou administrando mal o ministério de Deus. Não é de se admirar que ter respeito pelas autoridades soasse extremamente ingênuo. Como sociedade, hoje colhemos os frutos dessas sementes, decerto semeadas pelo Inimigo nas sociedades.

O único problema (e não é um problema pequeno) com o desrespeito pelas autoridades está no fato de Deus ordenar que respeitemos toda autoridade legítima, independentemente de quem a exerça, porquanto "as autoridades que existem" vêm de Deus. E não apenas vêm dele como também são *estabelecidas* por ele. Guarde bem isto: *não existe autoridade que não seja estabelecida por Deus!*

Ocasionalmente, pode haver situações em que uma autoridade deva ser desobedecida. Também existem casos de autoridades ilegítimas. Tratarei dessas situações mais adiante. Por ora, basta dizer que se tratam de raríssimas exceções. As Escrituras afirmam com clareza: "Todos devem sujeitar-se às autoridades governamentais."

Muitos têm dificuldade com o sentido dessa passagem. Esse mandamento pode parecer tão sublime a ponto de nenhum cristão ser capaz de obedecer, mas é justamente esse o desafio de seguir a Cristo! Nenhum de nós é capaz de obedecer ao que Deus nos ordena, exceto se subjugarmos nossa carne e permitirmos que Deus nos encha com sua graça. A vida cristã funciona somente por meio de poder sobrenatural. Sem esse poder, estamos todos arruinados.

Sou muito grato por ter decidido, pouco depois de receber Jesus como meu Salvador em minha época de estudante na Purdue University, que, se a Bíblia é a Palavra de Deus, então devo crer e obedecer, quer eu compreenda ou não tudo o que está escrito ali. Tomei essa decisão não por ser um cristão exemplar, mas principalmente por temor a Deus. Eu sabia que havia sido resgatado de meus pecados e de um futuro no inferno. Não me parecia sensato escolher quais passagens bíblicas eu deveria aplicar em minha vida e quais não. É claro que algumas vezes agi, por ignorância, de modo contrário às Escrituras. Porém, à medida que venho me dedicando a simplesmente obedecer à Palavra revelada de Deus, tenho recebido proteção do mal e muitas bênçãos.

Toda autoridade legítima provém de Deus! Embora seja comum indicarmos ou elegermos indivíduos para posições importantes de autoridade para governarem sobre nós, essas pessoas ocupam tais posições porque Deus as colocou ali.

Lembro-me da ocasião em que isso ficou muito claro para mim. Em 1992, depois de Bill Clinton ter sido eleito para seu primeiro mandato, passei vários dias deprimido. Na verdade, fiquei muito decepcionado por esse homem ocupar a presidência dos Estados Unidos. No terceiro dia da minha frustração, Deus me disse: "John, ninguém ocupa posição de autoridade sem meu consentimento." Deus chamou minha atenção para o que a Bíblia diz sobre isso: toda autoridade é "estabelecida". Mesmo vivendo em uma nação em que votamos para eleger nossos líderes, no final das contas, todos eles são estabelecidos por Deus.

É necessário que você assimile esta verdade de corpo e alma: toda autoridade legítima em sua vida (seus pais, seu chefe, seu professor, juízes, senadores) foi estabelecida por Deus!

Autoridades ímpias

É nesse ponto que geralmente encontramos resistência. Talvez você esteja pensando: "Ok, mas e quanto àquelas autoridades verdadeiramente perversas, cruéis, malignas? Foi Deus que as colocou ali? Por acaso Adolf Hitler foi estabelecido por Deus? Não é possível que toda autoridade seja estabelecida por Deus, pois já ouvi falar ou mesmo já sofri nas mãos de autoridades perversas!"

Fui injustiçado, e agora?

A escolha é clara: *você confia na Bíblia?* Se confia, deve aceitar e obedecer ao que ela diz sobre as autoridades. É Deus que estabelece indivíduos em posição de autoridade. Apesar disso, Deus não é responsável pelo modo como eles exercem essa autoridade. Muitos agem de forma cruel e abusiva. É necessário separar a autoridade em si do modo como é exercida. A autoridade vem Deus, porém o mau caráter e o comportamento perverso vêm do indivíduo. Podemos dizer, portanto, que toda autoridade vem de Deus, mas nem toda autoridade é piedosa.

É muito pertinente observar a forma que o apóstolo Paulo organiza sua instrução a respeito de como devemos agir quando maltratados por uma pessoa em posição de autoridade. O apóstolo inicia com o lembrete de que não devemos buscar vingança, para somente então escrever a respeito da autoridade. Creio que o Espírito Santo o inspirou a organizar dessa maneira porque sabia, como Paulo também sabia (e por experiência própria), que sempre haveria uma autoridade disposta a abusar, maltratar e tirar vantagem daqueles sob sua supervisão. Paulo precisava deixar bem claro aquilo que Deus nos diz repetidas vezes: "Minha é a vingança, eu retribuirei."

Pedro também trata sobre esse assunto em uma de suas cartas:

> Tratem a todos com o devido respeito: amem os irmãos, temam a Deus e honrem o rei.
> Escravos, sujeitem-se a seus senhores com todo o respeito, não apenas aos bons e amáveis, mas também aos perversos (1Pedro 2:17-18).

Sobre a autoridade

É como se Pedro dissesse: "Como pretende honrar a Deus, a quem você *não vê*, se não honra a autoridade que ele estabeleceu, a quem você *vê*?"

Pedro escreveu numa época em que a escravidão era comum e muitos cristãos eram escravos. Embora a escravidão seja uma prática repulsiva, ser um escravo na época do Novo Testamento era, em alguns aspectos, semelhante a ser um empregado em nossos dias. Na verdade, alguns escravos tinham elevada formação acadêmica: eram médicos, bibliotecários, professores, músicos e secretários. Alguns eram claramente mais instruídos que seus senhores[1]. Apesar disso, Pedro os instruiu a "fazer tudo o que o patrão mandar."

Um fato interessante é que o rei a quem Pedro instruiu seus leitores a honrar era Herodes Agripa I, justamente o rei que estava perseguindo e matando cristãos. Pedro não pediu a seus irmãos e irmãs em Cristo que se submetessem à autoridade de um "rei bacana e bondoso", mas que obedecessem a um déspota perverso que os queria mortos. A única forma de obedecer a essa instrução era olhar para além da personalidade, das decisões e das atitudes do rei e enxergar a autoridade estabelecida por Deus.

Francamente, há determinadas coisas que os cristãos se dispõem a obedecer que provavelmente não o fariam caso não temessem a Deus. Do ponto de vista humano, não faz sentido se sujeitar a um rei perverso, mas faz todo sentido obedecer a Deus.

---

(1) *Interpreter's Commentary on the Whole Bible* [Comentário Bíblico para o Intérprete]).

O temor do Senhor

Hoje em dia, poucos pregam ou ensinam sobre o temor do Senhor. Uma pena, pois temer apropriadamente ao Senhor é uma virtude magnífica para todo e qualquer ser humano ostentar. Isaías, séculos antes de Cristo encarnar como Filho de Deus, profetizou que Jesus demonstraria essa virtude:

> Ele se deleitará no *temor do SENHOR*. Ele não julgará pela aparência nem decidirá com base no que ouviu, mas com retidão julgará os necessitados e com justiça tomará decisões em favor dos pobres [...] (Isaías 11:3-4, ênfase acrescentada).

É necessário compreender que a única maneira de nos submetermos à autoridade, além de nossa caminhada no poder do Espírito Santo, é cultivar um temor sadio ao Senhor. Então, seremos capazes de parar de julgar a personalidade de nossos líderes e enxergar a autoridade que Deus estabeleceu por meio deles.

É muito triste, mas nos Estados Unidos nos acostumamos a dizer aos nossos líderes que eles têm de conquistar nosso respeito. Aquele que teme ao Senhor, porém, diz: "Você já tem meu respeito, pois reconheço a autoridade que Deus concedeu a você." O cristão faz essa afirmação ciente de que Deus observa o coração e não julga as pessoas por suas palavras ou ações. O juízo ou julgamento de Deus está fundamentado na motivação da pessoa e é sempre justo.

Essa instrução sobre a autoridade também se aplica a nós. Deus não mudou de ideia sobre esse assunto. Somente quando tememos ao Senhor, isto é, quando cultivamos um respeito reverente por Deus a ponto de jamais questionar o que ele nos pede, aceitaremos que toda autoridade sobre a terra vem de uma única fonte: Deus.

Com base no ensino do apóstolo Paulo, Pedro insiste: "Escravos, sujeitem-se aos seus senhores." Atualmente poderíamos substituir o termo "escravo" (também traduzido como "servo" em algumas versões) por *empregado, estudante, membro de igreja, militar, funcionário.* Verdade seja dita, estamos todos sujeitos a algum tipo de autoridade. Até o presidente dos Estados Unidos, a pessoa mais poderosa sobre a face da Terra, tem de se submeter à autoridade da Constituição dos Estados Unidos e às leis do país. Mais que isso, ele também tem de responder a Deus, que o estabeleceu no cargo! A instrução de Pedro se aplica a todos.

> **Verdade seja dita, estamos todos sujeitos a algum tipo de autoridade.**

Temos de ter a atitude de "nos sujeitarmos em temor, independentemente da pessoa que detém autoridade", e, nas palavras de Pedro, "não apenas aos bons e amáveis, mas também aos maus."

Felizmente, a maior parte do tempo você e eu estamos sujeitos a pelo menos uma pessoa bacana e bondosa que exerce autoridade sobre nós. Aceitar e obedecer à liderança de uma pessoa assim não é difícil. Em nossa igreja local, no Colorado, o pastor Ted Haggard pastoreia seu rebanho com amor e bondade. É um prazer se submeter à autoridade e liderança dele. Entretanto, Pedro não se referiu apenas às boas autoridades. Também especificou que devemos nos submeter às "perversas".

Muito tempo atrás, numa época em que eu ainda me debatia com as palavras de Pedro nessa passagem, pensei que poderia encontrar uma "brecha" se pesquisasse o sentido original do termo grego traduzido "perversos". Quem sabe os tradutores, em seu entusiasmo, se equivocaram na interpretação para o inglês? Poderia ter passado algum erro? Será que Pedro quis mesmo dizer "perversos"? Pesquisei vários dicionários de grego, começando com o *Super Léxico Grego*, cuja tradução de *skolios*, termo original para "perverso", traz "corrupto, mau, cruel, injusto".

Não era exatamente o que eu esperava, então parti para o Dicionário Vine, que traduz "líder tirano ou impiedoso". Continuei pesquisando outros dicionários e acabei encontrando mais palavras associadas como "duro, desonesto, cruel, irracional".

Admito que essa é uma daquelas verdades bíblicas difíceis de digerir. Tudo em nosso modo carnal de enxergar a vida se rebela contra essa ideia. Por que raios alguém se submeteria a um tirano cruel, irracional, injusto e desonesto? Ainda que seja difícil de engolir, a razão é simples:

Sobre a autoridade

porque Deus assim nos *diz*. Apesar disso, jamais devemos nos esquecer de que Deus é um Pai maravilhoso, o melhor do universo. Portanto, podemos confiar que seu mandamento para obedecermos às autoridades tem por objetivo o nosso bem.

Devemos obedecer às autoridades sempre?

Haveria ocasião em que seria legítimo não se submeter à autoridade? Sim, embora se trate de uma situação rara. Por exemplo, é possível nos deparamos com a autoridade ilegítima de alguém que se autoproclama líder, porém sem um pingo de consideração por Deus. Paulo escreveu que não precisamos nos submeter a essas pessoas sequer por um instante (veja Gálatas 2:4-5). Em termos atuais, é como Paulo dissesse que "não merecem nem um segundo do nosso tempo."

Entretanto, caso você pense ter encontrado uma passagem bíblica nos autorizando a desobedecer às autoridades, existe uma regra básica a observar. Em linhas gerais, essa regra estabelece o seguinte: *Quando uma autoridade ordena algo que claramente contradiz as Escrituras, devemos dar um basta com um respeitoso "não".*

A história de Sadraque, Mesaque e Abede Nego é um bom exemplo bíblico de desobediência à autoridade (Daniel 3:8-30). Esses três jovens, junto de Daniel, foram deportados para a Babilônia para servirem ao rei Nabucodonosor. Esses quatro, além do restante do reino, receberam ordens de se curvarem diante do ídolo do rei toda vez que

57

ouvissem uma música específica. Para os judeus, aquela ordem era uma clara violação ao segundo mandamento: "Não terás outros deuses além de mim" (Deuteronômio 5:7). Portanto, quando ouviram a música, esses três jovens corajosos não se curvaram. Nabucodonosor ficou irado quando soube disso e mandou chamá-los. Eles, porém, se comportaram respeitosamente. Nenhum dos três disse: "Escute aqui seu pagão idiota, não vamos te obedecer." Ao contrário, responderam: "Ó Nabucodonosor, não precisamos nos defender diante do rei" (veja Daniel 3:16-18 NVT). Eles horaram o rei e a autoridade que este havia recebido de Deus. Entretanto, se recusaram a desonrar a fonte daquela autoridade, o Deus Todo-Poderoso, e não obedeceram ao mandamento pecaminoso do rei.

Outro que demonstrou comportamento apropriado diante do uso ilegítimo de uma autoridade foi Davi. Em razão do desejo de Saul de capturá-lo a todo custo e transformá-lo em um troféu de parede, Davi fugiu do palácio e foi se esconder no deserto. Apesar disso, jamais abandonou sua atitude de submissão e respeito pelo rei que Deus havia estabelecido.

Uma das situações mais difíceis em nossos dias é o mau uso da autoridade entre marido e esposa. Conforme ensinam as Escrituras, o marido foi estabelecido em posição de autoridade sobre sua esposa e seus filhos. Todavia, caso ele abuse dessa autoridade, sua esposa, com a mesma atitude de Davi com Saul, pode resistir respeitosamente e talvez se afastar de seu marido descontrolado. É importante perceber que existe uma diferença entre submissão e obediência. A esposa, por meio de uma atitude respeitosa, pode permanecer submissa, mas não tem de obedecer a um marido abusivo que lhe pede coisas contrárias à Palavra de Deus.

Equívocos sobre esse ponto têm levado mulheres a situações nocivas e perigosas nas mãos de um marido que abusa fisicamente dela ou de seus filhos. "Infelizmente, preciso permanecer obediente ao meu marido", é o que pensam. Não, não precisam. Temos aqui um exemplo de situação em que podemos resistir à autoridade de um modo firme e respeitoso. Uma esposa nessa situação tem o direito, talvez até a responsabilidade, de pedir a seu marido que faça as malas e volte para a casa da mamãe. Caso ele se recuse, então ela deve sair, porém, a exemplo de Davi, mantendo o respeito pela autoridade dele.

> *A Bíblia não ensina obediência incondicional às autoridades. Ela ensina submissão incondicional.*

A Bíblia não ensina obediência incondicional às autoridades. Ela ensina submissão incondicional. Existe uma diferença. Obediência diz respeito à atitude, enquanto submissão diz respeito ao caráter.

Pedro escreveu que a submissão da esposa conquistaria seu marido quando este último observasse sua "conduta pura e respeitosa" e seu "espírito dócil e tranquilo" (1Pedro 3:2,4). Em outras palavras, caso o marido não obedeça à Palavra, Deus usará o comportamento da esposa para acelerar a transformação do caráter e das atitudes dele.

Estou ciente de que essas são verdades difíceis de compreender. O que Deus quer com tudo isso? Por que insiste tanto nesse assunto? Haveria um motivo maior? Claro que sim! Nos capítulos seguintes, trataremos dos planos e da intenção de Deus.

5

O papel do sofrimento

Até cristãos com pouco tempo de casa sabem que Deus ama muito seus filhos. Uma das mentiras mais terríveis de Satanás é insinuar que "Deus não passa de um velho injusto e rabugento que só fica esperando alguma travessura nossa para nos punir. Melhor ficar longe dele!"

Não, não e não. Mil vezes, não! Nosso Aba, nosso Deus Pai, é um Deus maravilhoso, o melhor do universo! Ele jamais faria algo contraditório ao seu caráter divino. Ele não nos pede coisas como "não retribuam a ninguém mal por mal" só para nos fazer sofrer. Ele pede isso porque nos ama. Mais que isso, ele tem bênçãos maravilhosas para nos dar quando obedecemos. Por exemplo, quando refreamos a língua e nos seguramos para não revidar uma ofensa.

Avancemos um pouco mais na passagem de 1Pedro que estamos estudando. No capítulo anterior, tratamos de como Deus deseja que nos sujeitemos às autoridades, quer boas, quer más. Mais adiante, Pedro escreve:

> Porque é louvável que, por causa da sua consciência para com Deus, alguém suporte aflições, ainda que sofra injustamente (1Pedro 2:19).

Temos aqui um vislumbre interessante sobre uma das coisas que agradam a Deus: ele gosta quando suportamos graciosamente a dor e o sofrimento infligidos por aqueles que nos ofendem. Ele considera essa atitude "louvável", exemplar, digna de mérito. Por favor, não me interprete mal: Deus não é sádico. Ele não sai dando pulinhos de alegria quando você ou eu sofremos alguma injustiça. De modo nenhum. Ele se angustia por nossa causa como se angustiou quando Jesus teve de sofrer injustamente. De acordo com Pedro, sofrer "por causa da sua consciência para com Deus" significa que Deus ama quando nós, em nosso desejo de lhe obedecer, estamos dispostos até a suportar aflições.

Portanto, da próxima vez que você tiver de suportar dificuldades por alguém em posição de autoridade que não está agindo de uma maneira que agrada a Deus, simplesmente diga para si mesmo: "Sei que Deus não se agrada com a maneira com que essa pessoa ou essa instituição está me tratando, mas ele ama minha atitude de submissão respeitosa. Deus está contente comigo! Então, entregarei toda a situação nas mãos dele!"

Quando você estiver em uma situação semelhante, em vez de resmungar e reclamar que a vida é difícil, simplesmente se considere feliz.

Pedro continua explicando com mais particularidade as situações em que Deus se agrada da nossa atitude de suportar com paciência em nome dele:

O papel do sofrimento

> Pois que vantagem há em suportar açoites recebidos por terem pecado? Mas, se vocês suportam o sofrimento por terem feito o bem, isso é louvável diante de Deus (1Pedro 2:20).

Em outras palavras, se fizermos algo errado e sofrermos punição por isso, não há de se falar em "perseguição". É apenas uma consequência natural da vida! Se fizermos algo estúpido ou ilícito, não podemos espiritualizar as consequências. Receber punição por fazer coisas claramente erradas nada mais é que "perseguição autoinfligida". Deus estabeleceu autoridades terrenas justamente para nos disciplinar e nos corrigir em casos assim.

Se em sua declaração de imposto de renda você afirma que tem seis filhos, mas na verdade tem apenas três, não peça orações para se livrar de uma perseguição quando a Receita Federal bater à porta. Ou, ainda mais ridículo, não diga a seus amigos que Deus tem planejado para você uma grande recompensa por seu sofrimento em nome dele. Antes, admita sua culpa, pague seus impostos, arrependa-se e jamais cometa o mesmo erro.

Se fizermos algo errado e sofrermos punição por isso, não há de se falar em "perseguição". É apenas uma consequência natural da vida!

Existe uma maneira garantida de jamais passar por uma perseguição autoinfligida: faça sempre a coisa certa! Grande parte da vida cristã está fundamentada em bom-senso.

Fui injustiçado, e agora?

Nessa passagem, Pedro se referia a uma perseguição legítima, isto é, ao sofrimento que você enfrenta por ter feito o bem, mas mesmo assim é acusado de algo que não é culpa sua. Sem dúvida, um "tratamento injusto".

Jamais se esqueça desta verdade: sempre que for tratado injustamente, em vez de se queixar, resmungar, reclamar ou choramingar, levante-se, estenda as mãos para cima, solte um grito de alegria e ponha-se a dançar, pois você deve ter feito algo que agradou a Deus. E ele tem uma recompensa que vale muito a pena seu esforço para se comportar dessa maneira. Falarei mais sobre isso adiante!

O chamado de todo cristão

Uma pergunta que ouço com frequência é: "Como posso descobrir meu chamado?" Naturalmente, o que a pessoa quer saber é: "Que ministério específico Deus tem para mim?"

A menos que eu conheça muito bem essa pessoa ou o Espírito Santo tenha me concedido algum discernimento pontual, não sei como responder em sentido *específico*. Tenho, porém, *uma* resposta que funciona 100% das vezes para todos os cristãos: você foi chamado para *agir adequadamente quando for injustiçado*.

Em geral as pessoas demonstram pouquíssimo entusiasmo diante dessa resposta! A maioria de nós tem em mente algo um pouco mais glamoroso para o "nosso chamado". Sim, com certeza existem outras coisas que somos chamados para fazer por nosso Senhor Jesus e pelo avanço do reino de Deus. Entretanto, é igualmente verdade que todos nós somos chamados para sofrer. A Bíblia é claríssima a respeito dessa questão. Nas palavras de Pedro:

> Para isso vocês foram chamados, pois também Cristo sofreu no lugar de vocês e deixou exemplo para que sigam os seus passos (1Pedro 2:21).

A *Amplified Bible* [Bíblia Ampliada] traz um sentido ainda mais direto: "Porque até para isso vocês foram chamados [é inseparável de sua vocação]. Pois Cristo também sofreu por vocês, deixando [seu] exemplo [pessoal], para que vocês sigam os seus passos."

Observe a expressão "inseparável de sua vocação". Isso significa que, não importa o que você fizer por Deus, é necessário aceitar o fato de que sofrer injustamente é uma parte inseparável desse processo. Se você segue Jesus, uma parte dessa caminhada inclui sofrimento, da mesma maneira que Jesus sofreu por você.

> *Se você segue Jesus, uma parte dessa caminhada inclui sofrimento, da mesma maneira que Jesus sofreu por você.*

Cientes, portanto, do que Deus espera de nós, precisamos saber como Jesus agiu para o imitarmos. Que exemplo pessoal ele nos deixou? Pedro fornece a resposta:

"Ele não cometeu pecado algum, e nenhum engano foi encontrado na sua boca." Quando ele era insultado, não revidava; quando sofria, não fazia ameaças, mas entregava-se àquele que julga com justiça (1Pedro 2:22-23).

Conforme vimos anteriormente, Jesus, mesmo sendo perfeito, foi acusado de muitos erros de forma injusta. Apesar disso, ele jamais se defendeu nem tentou convencer os outros de que estava sendo injustiçado. Quando as pessoas o ofendiam ou o insultavam, ele não revidava. Ele se recusava a responder na mesma moeda. Não retrucava, não tirava sarro, não recorria a sarcasmos. Jamais retribuiu o mal com mal. E, ainda que fosse Filho de Deus, você não acha que Jesus, em sua natureza humana, não sentia, vez ou outra, uma vontade de se defender? Algumas vezes ele discutiu com fariseus e outros líderes religiosos, mas em nenhum momento tomou a iniciativa de atacar para defender seus "direitos". Por que Jesus se dispôs a sofrer calúnias e abusos sem revidar?

A carta de Pedro traz uma frase que, além de explicar tudo, também nos fornece a verdadeira razão para não retribuirmos quando formos difamados. Pedro escreve que Jesus "entregava-se àquele que julga com justiça".

Aí está a resposta! Jesus sabia que o Pai estava no controle de sua vida e de tudo o que poderia acontecer em seu caminho. Ele vivia em comunhão íntima com seu Pai celestial. Para Jesus, não havia nenhuma dúvida que o Deus Todo-poderoso o vindicaria em momento oportuno. Não havia, portanto, necessidade de lutar por seus direitos. Nós também não precisamos lutar pelos nossos. O maravilhoso Rei do universo observa atentamente a aflição dos justos que sofrem por sua causa.

Jamais me esquecerei de um episódio em que fui atacado por uma autoridade. Muitas acusações falsas foram apresentadas contra mim, porém, para minha tristeza, passei meses tentando me defender de todas as formas.

Certo dia, em meio a toda aquela situação, eu estava orando quando o Espírito Santo falou comigo: "Filho, enquanto você continuar se defendendo, é assim que agirei." Em seguida, tive uma visão do Senhor em que ele apareceu somente dos ombros para baixo. Embora eu não pudesse ver seu rosto, o que me chamou atenção foi que ele segurava firmemente as mãos atrás das costas.

À medida que eu orava, ele acrescentou: "Quando você parar de se defender, isto é o que farei." Então, tive uma visão em que suas mãos e braços estavam livres, isto é, o Espírito Santo agora poderia se envolver ativamente com as acusações que atiravam contra mim.

> *Todo sofrimento injusto que você enfrentar resultará em bênçãos no final — se você agir em conformidade com Deus.*

Eis uma imagem exata do que Deus fará por você e por mim quando obedecermos a ele e aceitarmos nosso chamado para enfrentar as injustiças de maneira apropriada em seu nome. Significa desistir de lutar por contra própria e comunicar, por meio de palavras e ações: "Eu pertenço ao Deus do universo. Ele cumpre o que promete. Ele é um Pai fantástico. Deixarei que ele cuide de mim. Deus fará justiça em momento oportuno. Ele fará com que eu seja bem tratado. Não retribuirei mal por mal. Tudo o que preciso fazer é me entregar a ele."

A partir do momento que você se entregar verdadeiramente a Deus, jamais passará por aflições sem uma boa razão. Deus não permitirá. Todo sofrimento injusto que você enfrentar resultará em bênçãos no final — se você agir em conformidade com Deus.

A pessoa que age dessa maneira testemunhará a mão poderosa de Deus trazendo justiça.

O ministério das aflições

Agir adequadamente quando somos injustiçados pode trazer uma consequência que o deixará pasmo! Prepare-se. Você vai enlouquecer!

Antes disso, porém, preciso contextualizar por meio de uma passagem no livro de Hebreus:

> Pela fé, Noé, quando avisado a respeito de coisas que ainda não se viam, movido por santo temor construiu uma arca para salvar a sua família. Por meio da fé, *ele condenou o mundo* e tornou-se herdeiro da justiça que é segundo a fé (Hebreus 11:7, ênfase acrescentada).

O papel do sofrimento

Observe que o versículo não diz: "Deus condenou o mundo." Essa passagem traz uma verdade poderosa: foi Noé, por meio de sua obediência, que condenou o mundo. Uau! É esse poder que os cristãos liberam quando obedecem ao que Deus pede. Preste bastante atenção: Deus não sugere nem recomenda. Ele ordena que não busquemos vingança quando sofremos injustiça. E por que não? Porque agindo assim "você amontoará brasas vivas sobre a cabeça" de todo aquele que fizer mal a você. E o resultado dessa atitude é o avanço do julgamento de Deus.

O termo *julgamento* muitas vezes nos faz pensar em imagens de fogo e enxofre. Entretanto, o sentido da palavra no Novo Testamento está relacionado a "uma decisão de Deus a favor ou contra". Você sabe que decisão Deus tomará em uma situação qualquer? Pense o seguinte: a pessoa que causa o mal a você pode ser perdoada de seus pecados, salva e liberta de seu mau comportamento!

Conheço uma mulher que durante anos foi maltratada por um marido que não queria nada com Deus. Essa esposa havia tentado de tudo para induzi-lo a aceitar Cristo e se tornar um homem piedoso, mas ele simplesmente se recusava.

Depois de muitos anos de frustração, certo dia o Senhor disse a ela:

— Por quanto tempo você continuará impedindo a salvação de seu marido?

— Senhor, o que disseste? — respondeu ela.

69

Em seguida, o Senhor mostrou todas as coisas que ela fazia e dizia, e que na verdade estavam atrapalhando e retardando a obra de Deus na vida de seu marido. O Senhor pediu a ela que parasse de se comportar daquela maneira. Por fim, ela obedeceu. Começou a falar menos e a aceitar mais. Parou de criticar e reclamar. Entregou tudo nas mãos de Deus e deixou que ele trabalhasse.

Dois meses depois, seu marido se converteu! Tenho frequentado a casa deles desde então, e acredite quando digo que esse homem se tornou nova criatura em Cristo. Não há mais necessidade de ela insistir para que ele seja um homem piedoso. A obediência dela acelerou a decisão de Deus de intervir.

Esse exemplo é apenas uma ilustração do que chamo de "ministério das aflições". Deus sempre tem uma razão para as coisas que nos pede. Quando o Senhor ordena que abandonemos a vingança e deixemos que ele execute seu julgamento, não é porque isso faz com que ele se sinta bem ou importante. Deus não desperdiça energia nem recursos. Ele tem um propósito para o nosso sofrimento.

Mas de que maneira Deus realiza esse propósito? E em que momento da nossa vida?

Prossiga comigo para encontrarmos as respostas na Palavra de Deus.

6

Bem-aventurados os que sofrem

Você gosta de receber bênçãos?

Essa pergunta pode soar ridícula, mas conheço alguns cristãos que parecem agir como se fossem *mais* abençoados por Deus quando deixam de desfrutar de suas magníficas promessas!

Imagino que Jesus deve ter encontrado alguém com essa atitude em razão da forma como falou a um paralítico à beira do tanque de Betesda. "Você quer ser curado?", questionou ele (João 5:6). Que pergunta estranha. Entretanto, não acha que faz sentido, caso Jesus tivesse encontrado pessoas que não desejavam receber o que ele tinha a oferecer?

Anteriormente, eu comentei que Deus não nos pediria para "não pagar mal com mal" sem nos oferecer uma grande bênção como recompensa. É claro que não devemos agir como empregados resmungões quando nos aproximamos de Deus Pai. Ele exige nossa obediência e devemos fazê-lo com alegria, pois somos seus filhos queridos. Entretanto, nosso Pai celestial é generosíssimo e deseja nos abençoar quando sofremos e somos injustiçados por causa dele.

De acordo com o apóstolo Pedro:

> Não paguem mal com mal, nem insulto com insulto; ao contrário, bendigam, pois vocês sabem que para isso foram chamados e, assim, *receberão* bênção por herança (1Pedro 3:9, ênfase acrescentada).

Aqueles que pregam e ministram ao corpo de Cristo podem se meter em apuros quando gritam o que Deus sussurra e sussurram o que Deus grita, isto é, quando enfatizam o que Deus não enfatizou e minimizam o que Deus não minimizou. A verdade desse versículo merece ser gritada, e não sussurrada.

Jamais se esqueça desta promessa para nós: *se formos maltratados por fazer o que é certo, receberemos bênçãos de nosso Pai.*

Resumindo, as principais razões para Deus pedir que nos sujeitemos à injustiça e não tentemos nos defender são as seguintes:

- para que Deus faça justiça;
- para que possamos herdar bênçãos.

Pedro, citando o que Davi escreveu em Salmos 34, acrescenta mais detalhes:

> Pois "quem quiser amar a vida e ver dias felizes, guarde a sua língua do mal e os seus lábios de proferir mentiras. Afaste-se do mal e faça o bem; busque a paz com perseverança. Porque os olhos do Senhor estão sobre os justos, e os seus ouvidos

estão atentos à sua oração, mas o rosto do Senhor volta-se contra os que praticam o mal" (1Pedro 3:10-12).

Em outras palavras, se você receber insultos, retribua com bênçãos. Ainda que seja por alguma autoridade, retribua com bênçãos. Agindo desse modo, você herdará bênçãos!

Da próxima vez que você for ofendido, especialmente por alguém em posição de autoridade, converse com seu cônjuge e compartilhe a novidade com seus amigos: "Deus está se preparando para me abençoar. Mal posso esperar para ver o que ele fará!"

Em contrapartida, se você se descuidar e não agir apropriadamente nessas ocasiões, a bênção que Deus deseja lhe dar poderá ser adiada até que você preste atenção ao seu comportamento.

Você tem ideia de quantas bênçãos deixou de receber simplesmente por ter desejado "ficar com a última palavra" ou "defender seus direitos" ou "pagar na mesma moeda"? Quanta choradeira haverá no julgamento final ao percebermos tudo o que perdemos por não termos agido da maneira correta quando fomos difamados!

Colheita divina

Se quisermos ver o reino de Deus avançar poderosamente sobre a terra, precisamos ajuntar os frutos de todo o corpo de Cristo. Deus deseja que ceifemos as bênçãos de sua safra. Eu preciso de sua colheita, caro leitor! Você precisa da minha! Se todos os cristãos ceifarem a colheita que o Senhor preparou, o reino de Deus se expandirá, o que sem dúvida inclui a salvação de almas!

Deus *quer* isso. Não queremos chegar diante de Deus no céu e ouvi-lo dizer: "Eu tinha uma colheita para você, mas veja só as repercussões; veja quantas pessoas não estão aqui porque você não colheu sua safra! Veja as bênçãos financeiras que você poderia ter colhido, veja as bênçãos mentais/intelectuais que você poderia ter ajuntado." O plano de Deus é nos abençoar em todas as áreas da vida: alma, espírito, corpo, finanças, bens, tudo.

A colheita sempre tende a crescer, não apenas pessoalmente, mas para todos. Percebemos um início importante dessa colheita na promessa de Deus a Abraão:

> "Abençoarei os que o abençoarem, e amaldiçoarei os que o amaldiçoarem; por meio de você, todos os povos da terra serão abençoados" (Gênesis 12:3).

Deus disse a Abraão que sua obediência seria recompensada com uma bênção pessoal que se estenderia a todas as famílias da terra. Você e eu continuamos a receber as bênçãos concedidas ao nosso pai Abraão devido à obediência dele!

Deus abençoa de muitas maneiras: "Toda boa dádiva e todo dom perfeito vêm do alto e descem do Pai das luzes, que não muda como sombras inconstantes" (Tiago 1:17). Algumas vezes é uma bênção financeira; outras, uma bênção de sabedoria ou entendimento. Pense na bênção de João Batista, que não tinha riquezas nem bens. Meu Deus, o homem vivia no deserto, se vestia de peles de animais e suas refeições eram gafanhotos e mel selvagem! Entretanto, observe o discernimento profético que ele recebeu e a autoridade com que se comunicava, sem mencionar a honra de ter batizado o Salvador do mundo, que a respeito dele afirmou: "[...] Entre os nascidos de mulher não surgiu ninguém maior do que João Batista [...]" (Mateus 11:11). João ceifou sua colheita, cujas repercussões continuam tocando vidas até hoje.

Observe José de Arimateia, homem abençoado que usou parte de sua riqueza como sepulcro temporário para o Senhor. E foi nesse local que ocorreu a ressurreição! José ceifou sua colheita. Vidas continuaram sendo influenciadas.

Todos nós temos talentos diferentes, e nossas bênçãos geralmente vêm de áreas em que Deus nos capacitou. Se você é um empresário que tem sido acusado de maneira injusta, sua colheita provavelmente estará relacionada a uma grande oportunidade de negócios, cuja bênção fará com que você influencie mais pessoas.

Uma coisa que tenho observado em minha vida pessoal, e que você perceberá na sua também, é que, quanto mais Deus me abençoa, mais sou capaz de influenciar a vida de outros. Os cristãos precisam acordar para quem realmente são: herdeiros do Rei, e não pobres miseráveis! Jesus é Rei dos reis, e não Rei de paupérrimos! Por que os maiores influenciadores em nossos dias são ímpios — atores, políticos, magnatas, atletas e até celebridades pornográficas como Hugh Heffner? Seria porque os cristãos talvez não estejam se apropriando das bênçãos que Deus quer conceder a eles para que aumentem suas colheitas? Deus concederá a cada um de nós o necessário para realizarmos nossa colheita. Abraão recebeu gado, prata e ouro porque precisava formar uma nação. Davi recebeu prata porque precisava administrar uma nação. Elias não precisava de riquezas porque havia recebido discernimento de Deus e tinha um papel diferente para cumprir.

Todos nós temos talentos diferentes, e nossas bênçãos geralmente vêm de áreas em que Deus nos capacitou.

Quando Deus abençoar você, ele o fará naquelas áreas em que você foi chamado. E Deus quer usar todo o corpo de Cristo para realizar a colheita. Foi por isso que ele estabeleceu uns para liderar, outros para contribuir, outros para ensinar, outros para auxiliar e outros para _____. Complete o espaço com o seu chamado.

A bênção de Brian

Gostaria de compartilhar uma história que revela como Deus nos abençoa do jeito dele quando enfrentamos injúrias e difamações. Ela também ilustra como essas bênçãos podem se manifestar de maneiras diferentes, geralmente naquelas áreas em que você foi chamado. Nessa história, um empresário foi abençoado na área de negócios.

Alguns anos atrás, Al Brice, pastor e grande amigo meu que ministrava em uma igreja em Dallas, pregou uma passagem de 1Pedro sobre o mesmo tema: "Como agir adequadamente diante da injustiça."

Após o encerramento do culto naquela manhã de domingo, um membro da igreja, que chamarei de Brian, veio fazer uma pergunta para Brice.

— Pastor Brice, sou diretor júnior de uma grande companhia de seguros. Algum tempo atrás, cheguei muito perto de me tornar vice-presidente da empresa. Todos os meus colaboradores sabiam o quanto eu havia me esforçado por aquela promoção. Eu realmente merecia o cargo. Porém, no último minuto, a empresa entregou o cargo para outra pessoa.

— Por que fizeram isso? — perguntou Brice.

— Porque o outro diretor é branco e eu sou negro. Pastor, isso é discriminação e creio que posso provar na Justiça. Para falar a verdade, eu já estava me preparando para abrir um processo judicial esta semana, mas então você pregou essa mensagem e agora fiquei confuso.

Brice olhou bem para ele e disse:

— Você quer corrigir isso do jeito de Deus ou do seu jeito?

— Quero fazer do jeito de Deus — Brian respondeu sem hesitar. — É por isso que vim falar com você. Poderia orar comigo, por favor?

— Claro! — respondeu o pastor, e ambos curvaram a cabeça e entregaram o caso de Brian nas mãos do Pai, que julga com justiça.

Na manhã seguinte, Brian retornou ao trabalho e decidiu fazer uma visita ao colega que havia recebido a promoção. Foi até a sala dele, estendeu a mão e disse com um grande sorriso: "Parabéns por sua promoção. Saiba que serei um de seus melhores colaboradores." O sujeito ficou extremamente sem graça, pois também sabia que a promoção havia sido dada ao cara errado. Se a coisa tivesse acontecido como deveria, Brian seria o chefe de seu colega e estaria sentado atrás daquela mesa.

Várias semanas se passaram e nada aconteceu. Precisamos compreender que normalmente é assim que funciona. Deus fará justiça ou trará libertação, porém muitas vezes isso ocorre bem mais tarde que gostaríamos! Apesar disso, Brian não ficou remoendo a injustiça que sofreu. Antes, prosseguiu no cumprimento de suas funções como melhor podia.

Certo dia, Brian recebeu a ligação de um concorrente, uma seguradora internacional gigantesca que tinha uma filial em Dallas.

— Temos observado como você trata nossos clientes em comum e ficamos muito impressionados. Gostaria de trabalhar conosco?

Brian não precisou pensar muito sobre a oferta.

— Não tenho interesse — respondeu. — Não quero mudar de emprego. Estou aqui há anos, tenho muitos benefícios e uma boa carteira de clientes. Tanto meus clientes como meus colaboradores reconhecem meu caráter e minha reputação. Estou muito bem aqui. Não tenho necessidade alguma de mudar de emprego. Obrigado, mas a resposta é não.

— Podemos marcar um almoço para conversar, por favor? — persistiu o sujeito do outro lado. — Não há nada de errado nisso, certo?

— Você está perdendo seu tempo — respondeu Brian com mais firmeza. — Não estou interessado.

— Por favor! Um almoço! Um único almoço! — rebateu o sujeito, quase como se não tivesse escutado Brian.

— Está bem — suspirou Brian, um pouco frustrado. — Podemos marcar um almoço.

Chegado o dia marcado, Brian cumprimentou a comitiva e todos se sentaram para a refeição.

— Brian — disse um dos diretores da seguradora internacional —, temos observado seu trabalho e estamos muito impressionados com a forma que você trata seus clientes. O nosso pessoal lá no escritório anda dizendo: "Cara, ele tem que vir trabalhar conosco."

— Eu já expliquei ao telefone — disse Brian balançando a cabeça —, você está perdendo seu tempo. Não quero mudar de emprego. Eu gosto de estabilidade. Tenho muitos benefícios.

Já investi tempo e esforço demais nessa empresa para sair agora. Não quero abandonar tudo.

— Tudo bem, Brian, entendemos seu posicionamento, mas reflita um pouco mais. Vá para casa e converse com sua esposa. Pensem em um salário que os deixaria satisfeitos. Então, nos encontraremos mais uma vez na semana que vem para conversar. Combinado?

— Sim, combinado — respondeu Brian com um suspiro e quase em contradição com seu próprio bom-senso.

E voltou para casa. Brian não levou aquela proposta a sério, então sequer conversou com sua esposa sobre o assunto, a não ser na noite anterior ao almoço.

— Não estou nem um pouco a fim de mudar de emprego — exclamou com sua esposa. — Aliás, já estou cansado de pensar nesse assunto. Eles querem que a gente informe um valor? Pois bem, vamos estipular uma quantia ridícula. Direi a eles que desejo ganhar três vezes mais que estou recebendo hoje. Pronto, isso vai acabar rapidinho com toda essa discussão inútil!

Brian escreveu um bilhete e acrescentou um salário equivalente ao triplo do que ganhava. Lembre-se que ele já ocupava uma posição alta na empresa. Pedir um salário tão elevado seria um absurdo.

No dia seguinte, Brian compareceu ao almoço, trocou cumprimentos com os demais e todos se sentaram. Depois de pedirem a comida, o diretor da outra empresa perguntou a Brian se ele havia pensado em um valor.

Bem-aventurados os que sofrem

— Sim, pensei — respondeu Brian, e levou a mão ao bolso para pegar o bilhete, mas o diretor o interrompeu.

— Não, não. Não queremos saber quanto você deseja ganhar. Deixe-me primeiro apresentar a você o quanto nós estamos dispostos a pagar — e deslizou uma folha dobrada por sobre a mesa.

Brian pegou o papel e, depois de ler algumas linhas, quase teve um infarto. A proposta deles equivalia a *quatro vezes* seu salário atual! Pasmo, Brian ficou sem saber o que dizer. Simplesmente ficou ali, sentado, olhando para o papel. O outro homem, interpretando o silêncio dele como um sinal de que a oferta não era boa o bastante, aumentou consideravelmente o valor e ainda por cima acrescentou mais benefícios!

— Senhores — finalmente disse Brian depois de recobrar a compostura —, sou cristão e gostaria de levar essa proposta para casa a fim de orar com minha esposa.

— Sim, claro, fique à vontade — responderam os demais.

Brian voltou para casa e conversou com sua esposa. Depois de orarem, o Espírito Santo falou com ambos e entregou a seguinte mensagem do Senhor: "Meu filho, você entregou o caso nas minhas mãos e eu vindiquei você. Essa promoção é minha. Aceite-a!"

Hoje, passados quase vinte anos, Brian não está mais em Dallas. Ele atua como alto executivo na sede daquela seguradora internacional localizada em Virginia, uma empresa que ultrapassa muitas vezes o tamanho daquela em que ele foi injustiçado e não recebeu a promoção que merecia.

81

Que conclusão podemos tirar dessa história? É claro que Brian poderia ter se defendido por meio de um processo judicial. Seu caso era legítimo, portanto, tinha todo direito de buscar reparação. Ele havia sido discriminado e possivelmente ganharia a causa. Entretanto, mesmo que obtivesse vitória, não chegaria aonde está hoje. Ele teria perdido a bênção que lhe estava reservada!

Preciso acrescentar que já vi muitas pessoas se defendendo por meio de processos judiciais. Algumas obtiveram ganho de causa e até alguma medida de justiça, mas jamais voltaram a ser a mesma pessoa. A experiência deixou muitas cicatrizes e, de acordo com as Escrituras, fez com que perdessem as bênçãos que lhes estavam reservadas.

O exemplo de Brian nos mostra que agir em conformidade com Deus é *sempre* a melhor opção. Precisamos enxergar nossa vida da perspectiva de Deus. Nada escapa da atenção dele. Ele sabe quantos fios de cabelo temos na cabeça, quantas células temos em nosso corpo. Não acha, portanto, que ele também sabe quando você é difamado? Mas é claro, óbvio! Deus protege poderosamente todos que entregam nas mãos dele as injustiças com que foram atacados.

> *Precisamos enxergar nossa vida da perspectiva de Deus. Nada escapa da atenção dele.*

Observe novamente o que Pedro escreveu: "Quem há de maltratá-los, se vocês forem zelosos na prática do bem?" (1Pedro 3:13). O que Pedro está dizendo aqui é o seguinte: "Ei, você aí, homem ou mulher, menino ou menina. Se você acreditar nisto de coração e viver de acordo, que poderão fazer contra você? Como poderão maltratar você ou tirar vantagem? Em verdade, estarão apenas preparando você para receber uma *bênção*!"

"Louvado seja Deus!", eu respondo.

É por essa razão que Jesus disse aos seus discípulos que, se alguém deseja tirar-lhes a camisa, deixe levar também o casaco. E, se alguém os forçar a andar uma milha, caminhem com ele duas (Mateus 5:40-41). Obviamente, trata-se de um pensamento cristão radical, especialmente para os judeus que haviam crescido sob a lei do olho por olho, dente por dente. Mas Jesus é Deus. Ele conhece a verdade. É esse tipo de vida que Deus deseja para nós.

Caro leitor, você pode levar uma vida em que ninguém mais roubará você. Faça um favor para si mesmo: cultive uma atitude de serviço. O servo doa, mas do escravo se rouba. Não retribua mal por mal. Aqueles que abusam de você não podem fazer nada para prejudicá lo a longo prazo. Não seja um escravo. Seja algo muito melhor: seja um servo, como Jesus, e você será livre — livre para viver poderosamente para Deus como jamais imaginou.

Se eu estivesse pregando, gostaria de ouvir você dizer um sonoro "Amém" com grande entusiasmo!

7

Superando a injustiça

Creio que você concordará comigo que o objetivo de todo cristão é amadurecer! A Bíblia é bastante clara sobre isso: não é bom viver como criancinhas espirituais. A intenção de Deus para seus filhos é que deixem a infância espiritual e se tornem cristãos maduros. Tenho certeza de que você não se surpreenderá com o fato de que o sofrimento é uma das principais estratégias de Deus para nos ajudar a amadurecer espiritualmente.

Pedro, mais uma vez, explica como isso funciona:

> Portanto, uma vez que Cristo sofreu no corpo, armem-se vocês também do mesmo pensamento, pois aquele que sofreu no corpo guardou-se pecado (1Pedro 4:1).

Outro sentido para "guardou-se do pecado" é "alcançou total maturidade espiritual".

A Bíblia descreve etapas e níveis de crescimento espirituais semelhantes ao que acontece com o nosso corpo.

Começamos nossa vida como bebês, totalmente dependentes de nossos pais ou de outros adultos para sobrevivermos.

Como recém-nascidos espirituais, precisamos buscar "leite espiritual puro" para crescermos (1Pedro 2:2). Não há nada de errado em alimentar recém-convertidos com leite espiritual. Na verdade, ele é o alimento perfeito, uma vez que o sistema digestivo de uma criança espiritual não consegue digerir outra coisa. Todavia, em algum momento, toda criancinha precisa desmamar e começar a ingerir alimentos mais sólidos.

É por essa razão que a Bíblia se refere às crianças quando afirma que nosso propósito "é que deixemos de ser como crianças, levados de um lado para outro pelas ondas ou jogados para cá e para lá por todo vento de doutrina, pela astúcia e pela esperteza de homens que induzem ao erro" (Efésios 4:14).

E, por fim, ele se refere à maturidade espiritual para dizer que "o alimento sólido é para os adultos, os quais, pelo exercício constante, se tornaram aptos para discernir tanto o bem quanto o mal" (Hebreus 5:14).

Entretanto, gostaria de apontar algumas diferenças importantes entre crescimento físico e amadurecimento espiritual. Em condições normais, o crescimento do corpo é principalmente um processo temporal. Nunca se viu uma criança de 2 anos com uma altura de 2 metros (se isso acontecesse, com certeza algum olheiro de basquete já estaria batendo à porta!) Para chegar a esse porte físico são necessários pelo menos quinze anos ou mais.

O amadurecimento intelectual também é diferente de crescimento físico. É possível ter muita inteligência com pouca idade. Existem crianças com habilidades incríveis. Algumas são capazes de terminar o Ensino Médio e começar uma faculdade antes mesmo de completar 15 anos. Em contrapartida, existem adultos com mais de 50 anos que ainda estão tentando obter o certificado de Ensino Médio. Amadurecimento intelectual não é um processo temporal, mas de aprendizado. Começamos na Educação Infantil e avançamos até completar o Ensino Fundamental. Entretanto, dependendo das circunstâncias, é possível acelerar ou diminuir esse ritmo de aprendizado.

Em contrapartida, o amadurecimento espiritual é bem diferente do crescimento físico e intelectual. Não está associado ao tempo. Alguns novatos na fé podem amadurecer tremendamente em apenas um ano, enquanto outros com décadas de caminhada cristã continuam infantes espirituais de fralda e chupeta. São estes últimos que tendem a andar choramingando pelas igrejas e tirando o sono de muitos pastores!

O amadurecimento espiritual também não é um processo exclusivamente de aprendizado. Durante o ministério de Jesus, os grandes maiorais da época, os fariseus, dispunham de muita informação a respeito de Deus e das Escrituras. Muitos eram capazes de recitar os primeiros cinco livros da Bíblia de memória. Apesar disso, todo aquele conhecimento não os ajudou a reconhecer o Filho de Deus quando o encontraram cara a cara.

Hoje observamos a mesma coisa: gente que passou por escolas dominicais, cursou seminários, estudou doutrinas, leu os melhores livros e até lecionou. Alguns têm um currículo teológico para lá de impressionante. Entretanto, muitos não reconheceriam o Espírito Santo nem se aparecesse no meio do culto vestindo um casacão vermelho com chapéu cor de rosa.

A maturidade espiritual não está associada apenas ao aprendizado ou à passagem do tempo. É claro que Deus pode usar o tempo e o aprendizado para auxiliar em nosso amadurecimento, mas eles não são garantias de que alcançaremos maturidade. A passagem de 1Pedro 4:1 revela o que verdadeiramente nos faz amadurecer no Senhor: sofrimento. E não se trata daquele sofrimento causado por nossa própria estupidez, mas do sofrimento por obediência a Deus.

> *Muitos não reconheceriam o Espírito Santo nem se aparecesse no meio do culto vestindo um casacão vermelho com chapéu cor de rosa.*

A essa altura, talvez você esteja pensando: *conheço pessoas que sofreram e vivem amarguradas.* Sim, é verdade, pois ainda falta outro ingrediente importante para o amadurecimento, conforme revela Hebreus 5:8: "Embora fosse Filho, ele aprendeu a obediência por meio daquilo que sofreu." Jesus é verdadeiramente Deus e verdadeiramente ser humano. Entretanto, como Filho de Deus encarnado, ele precisava aprender o significado de obedecer ao seu Pai aqui na terra.

Como amadurecemos espiritualmente? Quando passamos por sofrimentos, angústias e perseguições, e mesmo assim optamos por obedecer. É fácil obedecer quando tudo vai bem, quando estamos rodeados de amigos e da família, quando participamos de um evento cristão. Quando somos benquistos e a vida avança de vento em popa, obedecer parece fácil e natural como respirar. Contudo, quando vem o temporal, quando você é criticado, quando é humilhado pelo seu chefe, quando seus amigos falam mal de você, quando nada parece fazer sentido — se em momentos como esses, você optar por obedecer e abençoar seus inimigos com o que eles não merecem, essa obediência verdadeiramente trará recompensas.

Perdoe... assim como você foi perdoado

Existe um elemento em sua vida, talvez mais que em outras áreas, que pode se tornar um impedimento no alcance da total maturidade e no desenvolvimento da capacidade de agir graciosamente com aqueles que o difamaram: a falta de perdão.

Sejamos honestos: existem muitas situações em que sofremos injúrias e que não apresentam uma solução boa o suficiente para nos trazer paz de espírito. E, mesmo que tenhamos a melhor intenção do mundo de obedecer a Deus e não "pagar mal com mal", há mágoas que se alojam em nosso coração e se recusam a sair. Nesses momentos, devemos agir conforme Jesus nos pediu e perdoar. Não tenho uma resposta conclusiva para o motivo de Deus considerar essa atitude algo tão importante, mas sem dúvida é. Desfrutaremos de pouquíssimo poder espiritual em nossa vida se nos apegarmos com rigidez às nossas mágoas. Agir adequadamente diante de um tratamento injusto não é apenas um exercício mental. É uma atitude profundamente espiritual que deve brotar do coração e que, por sua própria natureza, nos conduz ao perdão. A exemplo de Jesus, precisamos ser capazes de dizer: "Pai, perdoa-lhes, pois não sabem o que estão fazendo" (Lucas 23:34). Essa é a chave para você abdicar de sua compulsão de se defender: perdoar.

> **Essa é a chave para você abdicar de sua compulsão de se defender: perdoar.**

Mas como perdoar até aquela ofensa mais ultrajante? Com o auxílio de Deus, você precisa, em primeiro lugar, compreender que também foi perdoado. Seus pecados, e os meus, exigiram a morte de Cristo na cruz. Somos culpados de todos os pecados imagináveis, incluindo a morte injusta do Filho de Deus. A sentença para todos esses pecados é a eternidade em tormento no inferno. Ora, se Deus pode nos perdoar por tais crimes, não há nada — repito, *nada* — que não possamos perdoar aos outros.

Recebemos misericórdia em abundância. Agora, como forma de obediência e amor, precisamos estender essa mesma misericórdia aos demais.

Arme-se

Quando a Bíblia diz que aquele que sofreu no corpo "rompeu com o pecado", significa que essa pessoa não é mais escrava de pecados habituais.

Relembrando, eis como Pedro resume a questão:

> Portanto, uma vez que Cristo sofreu no corpo, armem-se vocês também do mesmo pensamento, pois aquele que sofreu no corpo guardou-se pecado (1Pedro 4:1).

Em primeiro lugar, notou a palavra *portanto*? Na Bíblia, o termo sempre significa: "Preste bem atenção, agora vem a conclusão a respeito do que foi dito anteriormente." Pedro passou três capítulos de sua carta explicando como devemos agir diante das ofensas e enfrentar o sofrimento. Agora, eis o desfecho.

Esse versículo está carregado de verdades vivificantes. Para começar, Pedro escreve que "Cristo sofreu no corpo." E como Jesus sofreu no corpo? Ora, sabemos que ele foi *tratado injustamente* a maior parte do tempo, conforme expliquei no capítulo 3.

Em seguida, Pedro nos informa que também enfrentaremos essa mesma situação, portanto, precisamos nos "armar" ou nos preparar para sermos tratados com injustiça. Conforme já observamos, é justamente o que fomos somos chamados para fazer.

Verdade seja dita: tenho enfrentado muito mais provações desde que me tornei cristão. Em muitos sentidos, minha vida era bem mais fácil antes disso. Entretanto, eu estava cego para a realidade, pois era prisioneiro de Satanás antes de conhecer Jesus. Que tipo de vida parece melhor para você? Viver como prisioneiro de guerra, preso e algemado atrás das grades, ou como cidadão livre para promover a causa de seu país e avançar sobre um exército maligno que já detém vários prisioneiros? Aquele que vive atrás das grades é prisioneiro; aquele que enfrenta o tiroteio é livre. Em minha vida mundana, antes de me converter, eu era prisioneiro e sofria poucas provações. Hoje sou livre, mas adivinhe quem tem levado chumbo de todos os lados? Tenho certeza de que você também tem vivido debaixo de fogo inimigo. Bem-vindo à vida real!

> *Aquele que vive atrás das grades é prisioneiro; aquele que enfrenta o tiroteio é livre.*

Nessa passagem de Pedro, o sofrimento que Cristo enfrentou no corpo eram as injúrias que recebeu de pessoas de todo tipo, incluindo aqueles em posição de autoridade. Vez após vez, ele era acusado injustamente e não se defendia. Pedro escreve que precisamos agir da mesma maneira. Portanto, é melhor nos prepararmos.

O que você pensaria se o presidente George W. Bush, depois de enviar o exército norte-americano para enfrentar o Iraque, deixasse de enviar apoio aéreo, tanques, artilharia, munição, enfim, todo o suprimento necessário para ganhar a guerra? Pensaria, corretamente, que seria uma enorme insensatez enviar um exército totalmente despreparado. Seria derrota na certa. Nenhuma nação que almejasse vitória enviaria seu exército para a batalha sem nenhum armamento. Todavia, em sentido semelhante, é exatamente o que acontece quando os cristãos não se armam para enfrentar os ataques do mal. Infelizmente, muitos se encontram nessa situação!

Tenho ministrado por todo os Estados Unidos e ao redor do mundo, e todas as vezes encontro cristãos que não foram ensinados a se prepararem para o sofrimento e as injustiças. A vida cristã tem muitos benefícios, mas é uma vida de dedicação e sacrifício. E Deus ordena que vivamos corretamente, para a glória dele. Porém, diante da pressão, a maioria dos cristãos, em razão de viverem como soldados enviados para a batalha sem nenhum armamento e munição, se espanta e entra em estado de choque quando alguém os ofende. Em vez de *agirem* conforme o exemplo de Jesus, eles simplesmente *reagem*. Os cristãos precisam se preparar, se armar com o tipo correto de informação e também com o poder do Espírito para que saibam como agir quando sofrerem tratamento injusto.

Um bom exemplo disso é o treinamento frequente por que passam pilotos de companhias aéreas. A cada seis meses, aproximadamente, esses pilotos são retirados da escala para passarem três dias de treinamento em um simulador de voo, máquinas interessantíssimas que parecem uma mistura de brinquedo de parque de diversões, jogos eletrônicos de última geração e programas avançados de computador. Quando o piloto entra em uma dessas máquinas, é como se estivesse entrando em uma cabine de verdade. Os controles e medidores são os mesmos. Quando olha pela janela, observa exatamente o que veria se estivesse taxiando, voando ou aterrissando, inclusive pistas, terra, céu, condições atmosféricas diversas, rajadas de vento, enfim, o pacote completo. E mais: também já estão programadas todas as sensações que ele poderia sentir em uma cabine de verdade (turbulência, trepidação, sensação de subida e descida etc.) O simulador responde e se comporta exatamente como uma aeronave real.

> *A vida cristã tem muitos benefícios, mas é uma vida de dedicação e sacrifício.*

Por três dias, instrutores e equipe de teste submetem esses pilotos a todo tipo de catástrofe imaginável. Quando encontram uma situação com a qual não estão familiarizados, geralmente perdem o controle e caem. Isso significa que precisam tentar de novo, e cair muitas outras vezes, até aprenderem a controlar o avião e mantê-lo no ar. Nesse caso, quando encontrarem uma situação semelhante em um voo real, saberão como agir — instantaneamente.

É por essa razão que, quando um avião cai e as caixas pretas são recuperadas, algumas vezes ouvimos passageiros gritando ao fundo. Eles não estavam *armados* ou preparados; consequentemente, tudo o que sabem fazer é *reagir* com medo. Entretanto, o áudio dos pilotos revela um diálogo muito mais calmo: "Faça isto, *check*, embandeirar hélice, *check*, *pull up*, *check*, faça aquilo, *check*, *check*.. Eles estão *agindo*, e não *reagindo*. Em geral, pilotos se mantêm controlados e calmos até a colisão. Obviamente, quando percebem que não podem fazer mais nada para corrigir o problema, não é de se admirar que soltem alguma imprecação. Mas isso é tudo. Eles mantêm controle absoluto até o momento final. Estão *armados*. A maioria dos cristãos não está *armada* para lidar com ofensivas.

O que faço neste livro é fornecer um treinamento. Você está em um simulador! E eu estou preparando você, com base na Palavra de Deus, para saber como o Criador deseja que você se comporte quando as pessoas e a vida atiram ofensas e injustiças em sua cara. Desejamos saber como agir corretamente para que possamos honrar nosso Rei e jamais perder uma única bênção!

8

Porventura encontrará fé na terra?

Se você pensa como eu, não deseja ser um fraco na fé. Ao contrário, deseja ter músculos espirituais para arregaçar as mangas e dar o melhor de si quando for difamado ou enfrentar qualquer outro desafio que exija dissipar a escuridão e avançar a causa de Cristo aqui neste mundo.

Adquirindo força

Gostaria de comparar minha própria experiência em adquirir força física com o que é necessário acontecer conosco espiritualmente.

Em meados da década de 1990, eu era um nanico magricela. Por causa de meu metabolismo acelerado, perdia peso rapidamente se me descuidasse. (Não estou reclamando. Afinal, conheço muita gente que tem o problema oposto!) Naquela época eu provavelmente estava uns 10 quilos abaixo de meu peso ideal e saudável. Eu era tão fraco e sem energia a ponto de isso afetar minha capacidade de pregar. Um domingo de manhã, pouco antes de subir ao púlpito, comecei a sentir tontura e a ver *flashes* de luz. Eu estava muito desgastado e nem havia começado minha pregação. Pensei que desmaiaria.

Preocupada, Lisa já vinha me orientando sobre minha necessidade de prestar mais atenção à minha saúde. Ela vinha orando havia meses para que eu fizesse algo a respeito. Depois daquele episódio, voltei para casa e disse a ela: "Não posso continuar assim. Vou começar a me exercitar."

Felizmente, Deus havia colocado um vizinho ao nosso lado que era atleta de luta livre. Por já termos certa intimidade com ele, perguntei se estaria disposto a me dar um treinamento físico. Ele se dispôs prontamente. Vesti uma roupa esportiva e começamos a frequentar a academia três vezes por semana.

Sem dúvida deve ter sido muito engraçado ver nós dois juntos, pois ele era uma montanha de músculos com quase 2 metros de altura, 125 quilos e somente 6% de gordura corporal. Os braços dele eram do tamanho das minhas pernas.

Não demorou muito para eu aprender como adquirir massa muscular. Descobri que sequências de doze repetições de levantamento de peso ajudam a manter a forma. Entretanto, se seu objetivo é ter músculos salientes, terá de acrescentar muito mais peso à barra e fazer o máximo de força para erguê-la algumas vezes. E, então, quando seus músculos estiverem gemendo e todo seu corpo gritar: "Chega, não aguento mais", é hora de reunir todas as forças para uma última erguida.

E lá estava eu, magricela, um Mister Universo invertido, observando aquele gigantesco lutador e seus monstruosos colegas de academia sentados no banco e incentivando uns aos outros aos gritos de "Levanta! Força! Vamos lá! Bora!" Um deles soltava um grunhido e começava a flexionar os músculos, as veias saltadas e o rosto todo vermelho. Então, com um impulso fortíssimo, começava a erguer a barra.

Naturalmente, era isso o que meu vizinho desejava que eu fizesse.

— É assim que a gente adquire força, John — pontuou. — Você precisa chegar ao ponto em que diz: "Não posso mais levantar esse peso de jeito nenhum!", mas algo dentro de você continua o incentivando. É nessa hora que o músculo se desenvolve.

"Que raios estou fazendo aqui?", pensei. Entretanto, como não queria continuar um fracote, comecei a levantar peso. Inicialmente, consegui levantar somente 40 quilos. Patético. Todavia, meu amigo e eu continuamos frequentando a academia e em pouco tempo consegui erguer 45 quilos. Depois de uma ou duas semanas, eu já estava levantando 50 quilos. Animado, persisti no treinamento e comecei a erguer mais peso: 55, 60, 65, 70, 75, 80, 85. Obviamente, não aconteceu de um dia para o outro. Levei alguns anos para chegar a esse ponto. E empaquei aí. Parecia que havia atingido meu ponto máximo.

Nessa época, fui palestrante em um congresso em Fresno, Califórnia, onde alguns pastores me convidaram para um treino na academia que frequentavam. Em meio à malhação, um deles me disse:

— John, você consegue erguer 100 quilos tranquilamente.

— Você é doido, é? Não tenho nenhuma condição de fazer isso.

— Tem sim. Venha, deite-se no banco. Eu ajudo você.

— Que loucura. Já disse que não consigo — respondi.

Eu não estava acreditando nem um pouco na palavra dele, mas ele me levou ao banco, fixou os pesos e começou a me encorajar. Inacreditavelmente, consegui levantar a barra. Loucura total! Mal consegui acreditar.

Mais tarde saímos para almoçar e durante a refeição comentei com esse pastor:

— Sabe de uma coisa? Você se parece com o Espírito Santo.

— Como assim? — ele respondeu com cara de espanto.

— Você não se lembra do que diz a Bíblia? "Não sobreveio a vocês tentação que não fosse comum aos homens. Mas Deus é fiel; *ele não permitirá que vocês sejam tentados além do que podem suportar*. Antes, quando forem tentados, ele mesmo providenciará um escape, para que o possam suportar" (1Coríntios 10:13, ênfase acrescentada).

Ele começou a entender. O Espírito Santo sabe o quanto podemos suportar — e na maioria das vezes é mais que imaginamos.

— Você sabia que eu conseguiria erguer 100 quilos. Você sabia que eu era capaz de suportar!

Porventura encontrará fé na terra?

O incentivo dele e sua fé em minha capacidade me ajudaram a superar aquela barreira. Alguns meses depois, consegui erguer 105 quilos, e então empaquei novamente.

Aproximadamente um ano depois, conheci um dos maiores treinadores de levantamento de peso dos Estados Unidos. Ele me disse que eu poderia erguer 125 quilos com facilidade.

"De novo essa história?", pensei, e imediatamente respondi que era impossível.

Ele sorriu, mas depois de um aquecimento e algumas sugestões proveitosas, consegui levantar 115 quilos! Fiquei tão animado que liguei para minha esposa para comemorar.

Vários meses depois, nos encontramos novamente (ele frequenta uma igreja em Detroit, Michigan, em que o pastor sênior é capaz de erguer 205 quilos!). Eu havia acabado de passar o domingo inteiro pregando a respeito de vivermos atentos ao Espírito Santo. Na segunda-feira, ele comentou que na noite anterior teve um sonho em que me viu erguendo 135 quilos.

Eu soltei uma risada como se ele tivesse enlouquecido, mas ele e o pastor sênior chamaram minha atenção para a pregação que eu havia feito no dia anterior. Acabei concordando com o desafio.

Começamos com um aquecimento e aos poucos ele foi adicionando peso até eu conseguir levantar 135 quilos. Então, sugeriu que chegássemos a 140.

Ele acrescentou o peso e ficou de prontidão. Dito e feito: consegui levantar 140 quilos, e sem nenhuma assistência (foi a primeira vez que fiz, e provavelmente a última).

Com relação à minha saúde física e força muscular, esses dois treinadores agiram como o Espírito Santo na esfera espiritual: eles sabem, melhor que você mesmo, quanto peso você é capaz de suportar. Isso me faz lembrar de um texto que o Espírito Santo inspirou o autor de Hebreus a escrever: "embora a esta altura já devessem ser mestres", repreendeu-os dizendo que eram fracos e precisavam voltar a ingerir leite em vez de alimento sólido (veja Hebreus 5:12).

Em outras palavras, é como se o Senhor dissesse: "Muito bem, vamos entrar em forma. Você vai começar levantando 45 quilos de injustiças, mas não se preocupe, você está pronto!".

Mais tarde, alguém o ofende de um modo que você não consegue lidar e você retribui na mesma moeda. Então Deus diz: "Muito bem, precisamos retornar aos 45 quilos. Talvez você só consiga lidar com algo mais 'infantil' neste momento."

Você vai começar levantando 45 quilos de injustiças, mas não se preocupe, você está pronto!

Em sua vida espiritual, é possível que sua maturidade espiritual seja equivalente a 55 quilos. Deus tem um objetivo maior para você, mas

Porventura encontrará fé na terra?

para isso será necessário acrescentar algum peso de injúrias que exigirá de você força para levantar 65 quilos. É como se ele dissesse: "Tenho uma tarefa de 65 quilos que precisa ser realizada por meio do Espírito." Em seguida, você é tratado injustamente por alguém em posição de autoridade, mas, em vez de cumprir a tarefa, começa a reclamar e resmungar. Então, Deus diz: "Vamos voltar aos 55 quilos."

Mais tarde, Deus diz: "Preciso de alguém que consiga de carregar 70 quilos na força do Espírito. Eu creio que você é capaz." Em seguida, um amigo trai sua confiança ou seu chefe promove outra pessoa em seu lugar. E você, em vez de não retribuir mal por mal e descansar em Deus, retribui insulto por insulto e se demite de seu emprego em um ataque de raiva. E Deus diz: "Voltemos aos 55 quilos."

Ou Deus diz: "Preciso de uma igreja capaz de uma tarefa de 100 quilos nesta cidade." Em seguida, a igreja começa a sofrer oposição e perseguição, por exemplo, por meio de um artigo maledicente publicado em algum jornal. A liderança se retrai, e Deus diz: "De volta para os 55 quilos."

Seu treinador espiritual, o Espírito Santo, aquele que está auxiliando o seu treinamento, diz: "Você deveria estar erguendo 110, 130 e até 140 quilos!" Entretanto, por persistir em se defender ou retribuir quando recebe críticas de alguém em posição de autoridade, seu treinador espiritual tem de constantemente retornar aos 55 quilos. Você não está adquirindo força. Você não está obedecendo ao mandamento de suportar o sofrimento graciosamente e entregar a vingança nas mãos de Deus. E, embora o Senhor seja paciente por causa do grande amor que tem por você, ele diz: "Filho querido, você está perdendo oportunidades de crescer. Eu tenho tarefas espirituais que requerem alguém capaz de erguer mais que 55 quilos. Por favor, é hora de colher os frutos! Você acabou de perder a chance de levantar 80 quilos, mas não estava preparado para lidar com aquela situação."

Você não está sozinho na luta para adquirir musculatura espiritual! Sei disso por experiência própria.

Anos atrás, quando aquele pastor administrativo falou mentiras e difamou meu nome por toda a igreja, senti como se o mundo estivesse desabando. Eu pensava que não seria capaz de suportar, que enlouqueceria. Aquela igreja era o meu mundo, mas naquele momento parecia que tudo estava desmoronando. Eu havia abandonado minha carreira de engenheiro para me tornar pastor. Aquele fardo era tudo o que eu podia "levantar". Na época não compreendi, mas aquela situação equivalia a um peso de 55 quilos.

Entretanto, perseverei em meu treinamento espiritual. A cada ano, eu me tornava mais forte espiritualmente. Então, passados quase doze anos desde aquele incidente, fui difamado em três continentes pelas mentiras de um membro de uma grande igreja europeia. Se esse ataque pesado tivesse ocorrido na época em que eu mal conseguia levantar 55 quilos, a barra teria caído sobre o meu peito e quebrado todas as minhas costelas. Teria sido como tentar erguer 140 quilos já naquele primeiro treino com meu vizinho lutador. Eu poderia ter morrido.

Todavia, pela graça de Deus e pela força do Espírito Santo, fui capaz de não me defender dessas acusações infundadas. Fui capaz de amar essa pessoa e prosseguir abençoando-a. Essa atitude impediu que o veneno da ofensa enfraquecesse e abalasse meu espírito. E Deus, a seu tempo, lidou com o problema. Fiquei muito triste com tudo aquilo, porém, não muito depois dessas acusações contra mim, a igreja dessa pessoa passou por uma grande cisão e a partir daí jamais foi a mesma. Aquele ministério perdeu grande parte de sua influência.

Você sabe por que as forças especiais dos Estados Unidos, também chamados Boinas Verdes, e os Seals da marinha norte-americana são tão respeitados? Porque passam por um treinamento muito mais pesado que os demais militares. Quando surge uma tarefa difícil, são eles que recebem a missão.

Da mesma forma que os músculos do corpo só se desenvolvem para valer quando o treinador nos leva até patamares em que não nos imaginávamos capazes de alcançar, assim nossa força e musculatura espirituais se desenvolvem quando o Espírito Santo nos pede para irmos além de nossa zona de conforto e obedecer radicalmente ao que Deus deseja. Ele sabe quanto podemos suportar! Entretanto, precisamos confiar nele o suficiente para realizarmos o trabalho pesado do Reino.

Fui injustiçado, e agora?

Do jeito de Deus ou do jeito do mundo?

Deus se entristece quando nos recusamos a fazer as coisas do jeito dele. É como se ele dissesse: "Ei, cristãos, tenho tarefas pesadas para realizar na terra. Os campos estão maduros, mas há poucos trabalhadores. Meus filhos andam preocupados com o que o mundo pensa e diz sobre eles ou com as críticas que recebem de seus chefes. Eles só pensam em lutar por seus direitos. Enquanto isso, pessoas estão morrendo e indo para o inferno. Preciso de gente que se disponha a cumprir tarefas de 80, 85, 90, 95, 100, 105, 110, 120 e até 130 quilos!"

Jesus disse que nos últimos dias o mundo estará repleto de maldade. "Naquele tempo muitos ficarão escandalizados, trairão e odiarão uns aos outros" (Mateus 24:10; "escandalizados" também pode ser traduzido "ofendidos"). O termo grego traduzido "muitos" significa "maioria". O mais assustador de tudo é que Jesus não se referia aos ímpios, mas aos cristãos!

> *Nossa força e musculatura espirituais se desenvolvem quando o Espírito Santo nos pede para irmos além da nossa zona de conforto e obedecer radicalmente ao que Deus deseja.*

Todos esses problemas causados pela incapacidade dos cristãos de lidarem adequadamente com a ofensa resultarão em rebeldia, ou seja, não mais se sujeitarão às autoridades. Consequentemente, "o amor de muitos esfriará" (Mateus 24:12).

Jesus associou a atitude de sentir-se ofendido ou escandalizado com insubordinação à autoridade. Ele disse que muitos se ofenderão, trairão e odiarão uns aos outros. Essa situação ocasionará no surgimento de falsos profetas que "enganarão a muitos" (Mateus 24:11). E esses "muitos" a que Jesus se referiu são justamente aqueles que se ofenderam, resultando no "aumento da maldade" (Mateus 24:12).

Por que a maldade aumentará? Essa situação está relacionada com tudo o que vimos neste livro. O indivíduo se sente ofendido com o que seu líder ou outra pessoa fez ou disse. Com o passar do tempo, sempre que encontra alguém que o faz lembrar dessa pessoa, seu mecanismo de defesa é ativado imediatamente, como se dissesse: "Já me magoaram no passado, mas não deixarei que me machuquem novamente!"

Tenho trabalhado como ministro em tempo integral desde 1983 e percorrido o mundo inteiro desde 1990. Nesse tempo, encontrei muitos cristãos que optaram por se defender quando difamados e que, de certa forma, se saíram "vitoriosos" em algumas situações. Entretanto, também observei outra coisa na vida deles: já não têm paixão por Deus nem pela vida. A ternura desapareceu. Raramente demonstram humildade. Ao assumirem o papel de Deus de se defenderem e buscarem justiça por conta própria, abriram mão de algo extremamente valioso. Eles caíram em uma ilusão: pensaram que tinham obtido um bom resultado quando, na verdade, perderam a bênção maior de crescer em força e de obter um pouco mais do caráter de Cristo.

Em resumo, eis as três razões por que Deus nos pede para não buscarmos vingança nem nos defendermos:

1. Abrir espaço para o julgamento justo de Deus.

2. A possibilidade de herdarmos uma bênção.

3. Desenvolver o caráter e a maturidade de Cristo em nossa vida.

Permaneceremos fiéis até o final?

Para encerrar este pequeno livro, gostaria de propor um desafio: você está disposto a confiar em Deus a ponto de obedecer-lhe e agir adequadamente quando se sentir injustiçado e assim caminhar ao lado de outros milhões para promover o reino de Deus e trazer glória ao nome dele? Você confiará que Deus é capaz de cuidar de você e de fazer justiça em momento oportuno, seja nesta vida ou na próxima? Você deseja ser um daqueles que permanecerão fiéis quando Jesus retornar?

> Jesus contou aos seus discípulos a seguinte parábola, para mostrar-lhes que eles deviam orar sempre e nunca desanimar. Ele disse:
>
> — Em certa cidade, havia um juiz que não temia a Deus nem se importava com os homens. Havia também naquela cidade uma viúva que se dirigia continuamente a ele, suplicando-lhe: "Faze-me justiça contra o meu adversário".
>
> — Por algum tempo, ele se recusou a atendê-la, mas finalmente disse a si mesmo: "Embora eu não tema a Deus nem me importe com os homens, esta viúva está me aborrecendo; vou fazer-lhe justiça, para que ela deixe de me importunar".

Porventura encontrará fé na terra?

O Senhor continuou:

> — Prestem atenção no que diz o juiz injusto. Acaso Deus não fará justiça aos seus escolhidos, que clamam a ele dia e noite? Continuará fazendoos esperar? Eu digo a vocês que *ele lhes fará justiça e depressa*. Contudo, quando o Filho do homem vier, *encontrará fé na terra*?
> (Lucas 18:1-8, ênfase acrescentada)

Essa parábola é utilizada com frequência para ilustrar a importância de permanecer fervoroso e persistir em oração. Entretanto, geralmente ignoramos a última parte: "Eu digo a vocês que ele lhes fará justiça e depressa. Contudo, quando o Filho do homem vier, encontrará fé na terra?"

Esse versículo é a mensagem principal deste livro. É necessário fé para não retribuirmos quando nos fizerem mal e para nos colocarmos nas mãos de Deus em vez de buscarmos vingança.

Bendito seja Deus! Não precisamos buscar justiça por conta própria! Nada é impossível para Deus.

Quando aquele pastor europeu me difamou em três continentes, fui conversar com um dos conselheiros do nosso ministério, o pastor Al Brice, para perguntar como eu estava me saindo. Embora fosse muito difícil, acredito que estava lidando bem com a situação. Apesar disso, queria saber a opinião dele.

Brice, que também é meu amigo e me quer bem, ficou furioso com as acusações. Todavia, ele é um homem obediente à Palavra de Deus e sabe como devemos agir quando nos ofendem. Depois de se acalmar, ele me garantiu que eu estava agindo corretamente e, com um sorriso, acrescentou:

— John, quando você estiver em uma situação como essa, faça como a lua.

— Como assim? — respondi perplexo.

— Todo mês a lua cheia recebe uivos de coiotes, lobos e cães. Mas ela se importa com isso? Não! Ela simplesmente continua brilhando.

A resposta dele começou a fazer sentido. Então, com um sorriso, acrescentou:

— Simplesmente continue brilhando! Continue pregando a Palavra de Deus, obedecendo a ele e amando as pessoas.

Peço ao leitor que faça o mesmo. Quando as pessoas ofenderem você, quando o difamarem e o fizerem sofrer como nosso Senhor Jesus sofreu, faça apenas isto: *continue brilhando!*

Sobre o autor

John Bevere é autor *best-seller* e palestrante reconhecido. Ele e sua esposa, Lisa, também autora *best-seller*, fundaram o Ministério John Bevere em 1990, hoje uma organização internacional multifacetada que inclui um programa de televisão semanal chamado *The Messenger* [O mensageiro], transmitido para 214 nações. John escreveu vários livros, incluindo *Paixão por sua presença*, *Um coração ardente*, *A isca de Satanás* e *O temor do Senhor*. John e Lisa moram no Colorado com seus quatro filhos.

Este livro foi impresso pela Santa Marta, em 2024, para a Thomas Nelson Brasil. O papel do miolo é pólen bold 90g/m², e o da capa é couchê 150g/m².